민성원의 공부원리
패턴학습법

민성원의 공부원리
패턴 학습법

민성원 · 김지현 지음

PATTERN
LEARNING

다산지식하우스

Just remember in the winter
Far beneath the bitter snow
Lies the seed that with my love,
In the spring, becomes the rose.

CONTENTS

저자의 말 민성원 연구소의 12년 학습 노하우를 담은 공부원리 패턴학습법 10
저자의 말 아직 모르니까, 아이들이다 16
프롤로그 말라깽이 소년을 서울대로 보낸 것은 무엇이었나 20

 **1부** 공부의 가장 기초가 되는 **기본력**

01. 아이를 '아는 것'에서 모든 변화는 시작된다
공부가 무엇인지 모르면 절대 잘할 수 없다　　　　　40
공부의 5단계　　　　　42
초등학생 때는 무조건 기본력부터 길러라　　　　　47
공부에 있어서, 아이들은 결코 평등하지 않다　　　　　49

02. 지능을 파악하는 것이 우선이다
지능이 낮은 아이는 절대 선행학습 NO　　　　　51
좋은 습관은 좋은 머리를 이긴다　　　　　55

03. 왜 집중을 못하는 걸까?
주의 산만한 아이와 집중력 높은 아이　　　　　58
목표학습법: 적당한 긴장감 주기　　　　　60
목차학습법: 중요한 내용만 떠올려 보기　　　　　63

04. 아이의 학습 유형 파악하기

유형별로 보는 효과적인 학습 방법	66
계획과 규칙을 중요하게 생각하는 규범형	67
하고 싶은 공부만 골라서 하는 행동형	67
어른의 칭찬이나 꾸중에 민감한 이상형	68
좋아하는 과목과 싫어하는 과목이 분명한 탐구형	69

2부 초등학교 때 배우면 수능까지 가는 **학습력**

05. 어릴 때 배운 공부 계획이 평생 간다

초등학생 때부터 계획을 잘 세워야 하는 이유	74
좋은 계획을 세우는 네 가지 절대 원칙	78
학기 계획 세우기	81
한 달 계획 세우기	84
일주일 계획 세우기	86
하루 계획 세우기	88

06. 공부의 패턴을 바꿔야 성적이 오른다

배우기만 하는 것은 공부가 아니다	89
예습과 복습만 잘 해도 충분하다	92
100점만 받는 아이와 80점만 받는 아이	96
패턴학습법이란?	99
패턴학습 1차_방학 학습	100
패턴학습 2차_주말 예습	106
패턴학습 3차_수업 듣기	111

패턴학습 4차_5분 복습	114
패턴학습 5차_당일 복습	118
패턴학습 6차_주말 복습	125

07. 공부, 원리만 알면 상위 1퍼센트도 가능하다

다양한 공부법도 결국 원리는 하나	128
공부원리 1단계_교과서 읽고 이해하기	129
공부원리 2단계_중요한 내용 정리하기	139
공부원리 3단계_핵심 키워드 암기하기	150
공부원리 4단계_문제풀이로 적용하기	155
공부원리 5단계_공부한 과정 점검하기	158

3부 실전에 강해지기 위해 쌓아야 할 **시험력**

08. 시험을 위한 과목별 핵심 공부법

국어	162
영어	168
수학	172
사회, 과학	177
기타 과목	180

09. 시험 기간 한 달 집중 공략법

시험 전에 반드시 이것만은 체크하라	182
시험 한 달 전 1~4주차 공부법	185
시험이 끝나면 무슨 공부를 해야 할까?	196

10. 수학과 영어는 절대 포기하지 마라
수학을 어려워하는 아이라면? 199
영어를 못하는 아이라면? 211

 **4부** 상위권 아이를 키우는 부모의 **공부환경**

11. 아이의 성적을 결정하는 부모의 작은 습관
부모는 제1의 공부환경이다 220
반드시 잘한 과목부터 칭찬해라 223
공부 잘하는 친구와 노는 것은 이기적인 게 아니다 226
음악을 들으면서 공부해도 괜찮을까? 228

12. 1등 하는 아이의 집은 '이것'이 다르다
책상의 크기가 생각의 크기를 좌우한다 231
공부방 조명 체크는 기본 중에 기본이다 234
공부 효율을 높여주는 온도와 습도 236
초등학생 때부터 일찍 일어나는 습관을 길러줘라 238
뇌 과학자들이 밝힌 아침밥과 성적의 관계 242
공부에 도움이 되는 음식과 영양소 244

부록 249

저자의 말

민성원 연구소의
12년 학습 노하우를 담은
공부원리 패턴학습법

공부를 열심히 하는데도 성적이 오르지 않는 아이들이 있다. 또 초등학교 때까지는 잘하다가 중학교에 올라와서 급격히 성적이 하락하는 아이들도 있다. 내 아이가 여기에 해당된다면, 부모는 가장 먼저 아이가 올바른 패턴으로 공부하고 있는지 점검해야 한다. 수영장을 10년째 매일 다니면서 수영을 하는데도 속도가 향상되지 않는다면 자세에 문제가 있다고 봐야 하는 것이다. 익숙한 패턴을 바꾸기 위해서는 자세를 교정해야 한다. 이 과정에서 물을 먹는 아픔쯤은 기꺼이 감수할 수밖에 없다. 올바른 패턴을 익히고 나면 과정도 즐거워지고 결과도 좋아지기 마련이다.

2005년 『민성원의 공부원리』를 쓰면서 공부를 잘하기 위해서는 올바른 동기, 공부 방법, 환경을 갖추어야 한다고 주장했고 이에 대한 솔루션을 제시하였다. 이후 많은 아이들이 민성원의 공부원리 방식으로 공부해 좋은 성과를 이루었다. 이러한 경험을 살려 새로 쓴 『민성원의 공부원리 패턴학습법』에서는 구작 『민성원의 공부원리』의 내용 중에서도 아이들의 공부 근력을 키워 주는 구체적인 학습 전략과 방법을 중점적으로 담았다.

패턴학습법은 '공부력'을 키우기 위한 보편적인 공통의 원리가 있고, 그것을 익히고 나면 효율적으로 공부하여 시험에서 좋은 성적을 거둘 수 있다는 논리에서 출발한다. 공부력은 크게 공부의 기초가 되는 '기본력(지능, 집중력, 학습유형)', 공부의 효율을 높여 주는 '학습력(계획, 패턴, 원리)', 좋은 결과로 이어지게 만드는 '시험력', 공부의 지속성을 유지하게 돕는 '공부환경'으로 구성된다.

이와 같은 연구결과는 내가 약 12년 이상 수만 명의 학생을 가르치면서 쌓인 노하우의 집합체라고 자부할 수 있다. 그중에는 일대일 상담도 있었고, 2박 3일간의 합숙 캠프인 「공부원리 3.0」에서 쌓은 경험치도 있다. 뿐만 아니라 EBS 교육상담 프로그램인 「60분 부모」에서 9년간 학습법 전문가로서 전국의 아이들과 학부모를 현장에서 만나가면서 솔루션을 주었다. 이 방송을 통해서 많은 아이들이 성적 향상을 이루었고, 아직까지도 문자로 감사의 연락이 오기도 한다. EBS 현장 다큐 「똑똑 교육충전소」에 선생님으로 참여한 적도 있다. 6개월 동안 스물네 명의 아이들에게 스스로 공부하는 방법을 전수해 주는 프로그램이었다. 최근에는 상지대학교 유아교육학과 교수인 박춘성 교수와 팀을 이루어 아이들이 겪는 학습 문제를 해결하고, 스스로 공부하는 습관을 만들어주는 데 성공했다. EBS 라디오 「부모 멘토」에서는 학습법 담당 패널로 아이의 성적으로 고민하는 학부모들에게 3년간 전화 상담을 진행했다. 또한 KBS 「교육을 말합시다」, 「공부가 재미있다」에서는 효과적인 학습 전략과 공부 노하우를 전파해 2015년 1월 16일, 방송사로부터 감사패를 받기도 했다. 현재는 수학을 재미있게 공부하는 법을 알려 주는 YTN사이언스의 「수다학」 프로그램에서 매주 한 명씩 사례를 진단 및 분석하여 솔루션을 제시해 주고 있다.

이처럼 전작 『민성원의 공부원리』에 10년 이상 추가된 연구와 생생한 현장의 경험이 합쳐져 완성된 책이 바로 『민성원의 공부원리 패턴학습법』이다. 부모와 아이가 당장 실전에 적용할 수 있도록 구체적이고 현실적인 학습 방법만을 전문적으로 다루었으니, 단순히 구작을 개정하는 수준이 아닌 완전히 새롭게 쓴 책이라고 봐도 무방할 것이다.

세상에는 참으로 많은 학습 전문가들이 있다. 그들이 내세우는 자신만의 학습 전략과 방법에는 저마다 장점이 있겠지만, 『민성원의 공부원리 패턴학습법』은 이들과 확연히 다르다.

첫째, 민성원만의 학습 경험을 제시한다는 점이다. 나는 중학교와 고등학교를 수석으로 졸업한 후 서울대학교 경제학과와 서울대학교 법과대학 공법학과를 졸업했고, 연세대학교 언론대학원에서 석사학위를 취득했다. 이러한 결과를 거두기 위해서 많은 수업을 들었고, 여기에서 얻은 경험을 통해 나만의 특별한 노하우가 생겼다. 내 자신이 스스로의 힘으로 공부의 어려움을 극복하고 성공을 이뤘기에, 그 진정성을 전달하고자 이 과정을 고스란히 책에 녹여냈다.

둘째, 민성원 연구소에서 수만 명의 아이들을 직접 가르치고, 10년이 넘도록 방송에 출연하면서 인정받은 전략과 방법을 기반으로 책을 썼다는 점이다. 대학 교수실에 앉아서 쓴 학습법 책이나

"나는 이렇게 공부했다" 같은 한 사람의 일반적인 수기가 아닌, 현장에서 직접 아이들과 씨름해 가면서 쓴 책이기에 더욱 자세하고 현실에 적용하기도 쉽다. 스스로를 학습 전문가라고 말하는 사람들 주장을 가만히 살펴보면 막연하기 짝이 없다. 이들은 '공부는 자기주도적으로 해야 한다, 예습과 복습은 필수적이다, 배우는 시간보다 익히는 시간이 중요하다, 복잡한 입시에서는 전략을 잘 짜야 한다, 공부는 양보다 질이다'라는 식으로 말을 한다. 물론 틀린 말은 아니지만, 학부모와 아이들이 봤을 때 막상 무엇을 어떻게 해야 하는지에 대한 구체적인 지침은 없다. 당장 실행하기 힘든 공자님 말씀 같은 것이다. 실행을 하기 위해서는 단순하면서 실용적이어야 한다.

셋째, 민성원 연구소의 책임 컨설턴트인 김지현 선생님과 함께 작업한 책이라는 점이다. 김지현 선생님은 학습 컨설턴트 전문가로 컨설팅 로드맵을 구체화하는 일을 맡고 있다. 다양한 아이들이 저마다의 학습 스타일을 찾고, 효과적으로 공부를 할 수 있도록 맞춤형 컨설팅을 진행해 왔다. 전문 컨설팅을 바탕으로 한 선생님의 현장 노하우를 이 책에 가득 담았다.

넷째, 모든 과목을 지도한다. 학교나 학원 선생님들은 자신이 담당하는 주력 과목이 있다. 이들은 국어, 영어, 수학, 과학, 사회 등 자기 과목에서는 뛰어난 전문가이기 때문에 노하우가 많다. 하지만 배우는 아이들은 어느 한 과목만 잘해서는 안되며, 모든 과목을 골고루 잘해야 한다. 민성원 연구소의 컨설턴트는 한 과목이 아닌 전체 과목을 아이에게 컨설팅한다. 따라서 전체 성적을 올려야 하는 현실 공부에 훨씬 실용적이다.

마지막으로 이 책은 민성원 연구소에서 진행되는 학습 전략과 공부 방법의 핵심을 모두 담아냈다. 그렇기 때문에 책에서 제시한 방법들을 차근차근 따라 한다면 민성원 연구소에서 비용을 지불하고 컨설팅을 받는 것과 같은 효과를 얻을 수 있을 것이다.

2016. 11. 10.
민성원 연구소 소장 **민성원**

저자의 말

아직 모르니까,
아이들이다

대학 시절 저소득층 자녀들을 대상으로 한 멘토링 프로그램을 진행한 적이 있다. 당시만 해도 '멘토링'이라는 개념이 꽤 낯설던 때였다. 아이들과 처음 만난 날, 어찌나 경계 어린 시선으로 쳐다보던지 나는 잔뜩 긴장할 수밖에 없었다. 그래서 유독 그날의 기억은 마치 어제 일처럼 생생하게 남아 있다. 다소 서늘한 분위기에서 시작된 우리의 만남은 함께하는 시간이 길어질수록 점점 그 온도를 더해 갔다. 묻는 말에 늘 시큰둥하던 아이들은 조금씩 나에게 호기심을 보였고, 자신들에 대해서도 이야기하고 싶어 했다.

시간이 흘러 서로를 어느 정도 알고 나자 그제야 아이들은 공부에 대해서도 관심을 갖기 시작했다. 나의 진심을 알아준 것이다. 아이들은 학교 수업을 열심히 듣고 알아서 숙제하기 시작했다. 모르는 문제를 질문하며 더 많은 것을 배우고 싶어 했다. 방과 후 학교에 남아 이른바 '나머지 공부'를 하던 아이들은 점차 성적이 오르더니 중위권이 되고, 급기야 상위권까지 오르는 기적을 일궜다.

나는 이 모습을 지켜보면서 '학습 동기'란 결국 아이들이 마음을 스스로 움직일 때 너무나도 자연스럽게 생긴다는 사실을 절실히 깨달았다. 단순히 바뀐 성적표 때문이 아니었다. 스스로 제 갈 길을 찾아가는 아이들의 모습에서 진심이 통한 교육의 힘을 몸으로 느낀 것이다. 이때의 깨달음으로 나는 결국 아이들과 함께하는 일을 선택했다. 그리고 지금도, 여전히, 멘토의 마음으로 아이들을 만나고 있다.

아이의 성적이 좋지 않다고 해서 그 아이가 노력하지 않은 것은 절대 아니다. 공부를 왜 해야 하는지 모를 수도 있고, 공부를 해야 한다는 것을 알면서도 시작하는 법을 몰라 허둥지둥 댈 수도 있다. 열심히 공부하지만 올바른 방법이 아닐 수도 있고, 자신만의 공부 전략이 제대로 세워지지 않았을 수도 있다.

왜? 아직 '아이'니까. 어른들의 시선으로 보면 낮은 점수는 곧 부족한 노력의 결과지만, 아직 공부라는 것을 잘 모르는 아이들에게는 분명 노력만으로 설명할 수 없는 '무언가'가 있다. 등산 초보자가 전문 산악인처럼 능숙하게 산을 타지 못하는 것을 보고 그것을 노력만의 문제로 치부한다면, 과연 옳은 일일까?

나는 많은 부모들을 만났고 그만큼 많은 아이들을 만났다. 대개 부모들은 아이가 공부를 안 해서 못하는 것이라 푸념했고, 아이들은 공부를 못해서 안 하게 된 것이라 토로했다. 지금 이 순간에도 얼마나 많은 부모들이 어떻게 공부해야 할지 몰라 고민하는 아이에게 단지 노력이 부족하다는 이유로 혼을 내고 있을지 모르겠다.

이 책을 집필하면서 나는 직접 만나지 못하는 수많은 부모와 아이들에게 멘토가 되어 주기로 다짐했다. 공부가 무엇인지 알려 주어 부모와 아이가 함께 그 방법을 찾아나갈 수 있도록, 그래서 서로를 탓하며 답답해하지 않도록 말이다. 수업은 어떻게 들어야 하는지, 예습과 복습은 언제, 어떻게 해야 하는지, 시험 전날에는 무엇을 해야 하는지 등 나의 모든 학습 노하우와 전략을 가능한 자세하게 서술했다. 이 책을 읽는 부모와 아이들이 직접 실천해 보면서 이전의 나의 멘티들처럼 스스로 학습 동기를 만들어 나가기를 바라는 마음을 담았다.

마지막으로 감사의 인사를 전하려고 한다. 민성원 연구소에서 일을 시작한 것은 내 인생의 큰 행운이다. 이 책을 집필하기까지, 민성원 소장님께서 항상 신임해 주시고 지원해 주신 덕분에 정말 많은 일을 할 수 있었다. 더불어 컨설팅에만 집중할 수 있도록 좋은 여건을 만들어 주셨던 이명열 이사님, 최혜린 원장님을 비롯한 민성원 연구소의 많은 직원분들께 감사의 말씀을 전한다.

끝으로 항상 다른 사람을 먼저 배려하고, 무슨 일이든 솔선수범하는 모습으로 나의 삶에 큰 자양분을 주셨던, 하늘에 계신 나의 아버지. 그리고 평생 아들과 딸에게 무한한 사랑을 주시는 어머니께 지면으로나마 진심으로 존경과 감사를 표현하고 싶다.

이 책을 집필하게 된 궁극적인 목표는 우리 아이들이 공부의 즐거움을 느끼고, 스스로 공부하는 이유를 찾는 데 조금이나마 보탬이 되기 위해서다. 부디 그 소망이 이루어지기를 바라는 마음으로, 오늘도 나는 아이들을 만난다.

민성원 연구소 책임 컨설턴트
김지현

○ 프롤로그

말라깽이 소년을
서울대로 보낸 것은 무엇이었나

어린 시절 나는 너무나 평범한 아이였다. 자라온 환경에서 특별한 어려움이 있던 것도, 남다른 능력을 가진 개성 있는 아이도 아니었다. 대학입시라는 거대한 관문을 뚫고 자신의 삶을 살아가야 하는 대한민국의 흔하디 흔한 보통 학생이었다. 사실 나의 성장 과정을 이야기할까 말까 여러 번 고민했다. 이 장은 과감히 건너뛰어도 전혀 문제 없는, 사족 같은 부분이다. 사람들마다 처한 상황과 환경이 다르기 때문에 누군가의 경험이 그렇게 큰 도움이 되지 못할 수도 있다. 그런데도 부끄러움을 무릅쓰고 나의 이야기를 먼저 하는 것은 혹시라도 나의 경험이 다른 누군가에게 조금이라도 도움이 되었으면 좋겠다는 실낱 같은 바람 때문이다.

아이들은 무엇이 옳고 그른지 판단할 능력이 부족하다

나는 회사원 아버지와 대학병원 간호사로 근무하는 어머니 밑에서 자랐다. 전형적인 맞벌이 부모를 둔 터라 거의 할머니 손에서 컸다. 하지만 어머니는 퇴근 후에는 무조건 나와 시간을 함께 보내려고 노력하셨다. 아버지 역시 지극히 가정적인 분이라 특별한 일이 없는 한 곧바로 귀가해 나와 놀아주셨다.

그 시절 나는 천둥벌거숭이처럼 들로 산으로 온 동네를 돌아다니며 신나게 놀았다. 북한산 인근에 살았기 때문에 매일 친구들과 북한산에서 살다시피 했다. 아카시아 꽃도 따먹고, 여름이면 발가벗고 개울에서 멱을 감으며 가재를 잡고 놀았다. 밤 늦게까지 친구들과 몰려다니며 놀아서 저녁 무렵이면 할머니가 나를 잡으러 다닐 정도였다. 물론 한글을 배운다거나 덧셈, 뺄셈을 배운다거나 하는 일은 없었다. 그때가 70년대 초반이었으니 아마도 그게 일반적인 모습이었을 것이다. 그냥 자연 속에서 뒹굴며 신나게 놀았다. 너무나 즐거운 시간이었다.

그러던 어느 날, 어머니의 벼락같은 결정이 떨어졌다. 이제부터 유치원에 다녀야 한다는 것이다. 당시에는 유치원에 다니는 아이가 별로 없을 때였다. 나와 함께 놀던 아이들도 유치원에 다니지 않았다. 나는 친구들이 동네에 남아 있는데 나만 유치원에 가는 게 너무 싫었다. 툭하면 유치원에 안 간다고 고집을 부렸고, 울기도 많이 울었다. 하지만 어머니는 자신이 옳다고 생각하는 일만큼은 나에게 조금도 양보하지 않으셨다.

"성원아, 네가 몰라서 그래. 다녀보면 정말 재미있고 좋을 거야."

이런 식으로 끝까지 설득하셨다. 물론 가끔은 설득에 협박(?) 같은 게 끼어들기도 했다. 어머니의 결심이 워낙 단호했기에, 결국 나는 그 결정에 따를 수밖에 없었다.

처음에는 너무 다니기 싫던 유치원이었는데 며칠 다니다 보니 '다른' 재미가 있었다. 유치원복을 입고 운동화를 신고 다니는 나를 보고 동네 친구들이 모두 부러워하는 것 같았다. 유치원에서 했던 놀이는 동네 친구들과의 놀이와 사뭇 달랐다. 선생님들하고 놀면서 무언가를 조금씩 배워 가는 게 참 재미있었다.

지금 생각해 보면 유치원 친구들과 동네 친구들의 차이점은 자식에 대한 부모의 교육열이었던 것 같다. 유치원에 다니는 아이들의 부모님은 상대적으로 교육 문제에 관심이 많았고, 어린 나이였지만 유치원 친구들과 지내는 것은 동네 아이들과 놀 때와는 전혀 다른 느낌이었다. 그렇다고 해서 유치원을 다니면서 아주 특별한 것을 배운 것은 아니다. 어떻게 보면 노는 친구들의 수만 많아졌다. 유치원에서는 유치원 친구들과 신나게 놀았고, 집에 와서는 동네 친구들과 신나게 놀았기 때문이다. 유치원을 졸업할 즈음 겨우겨우 이름 석 자를 한글로 그릴 수준 정도였다. 하지만 이상하게도 그때 함께 유치원에 다녔던 친구들과는 아직까지도 연락을 하며 지낸다. 그리고 그 친구들 중에서 꽤 많은 친구들이 소위 일류 대학에 진학했다.

결과적으로 보면 어머니의 판단이 옳았다. 유치원은 내게 다른 교육의 기회를 주었던 것이다. 아이들은 아직 불완전한 존재다. 그러므로 부모가 아이의 뜻을 세심히 살펴보고 함께 판단하는 것은 중요하다. 물론 아이들이 원한다고 무조건 받아주는 것은 옳지 않다. 아이들은 무엇이 옳은지 그른지 판단할 능력이 아직 부족하기 때문에 결국 조력자인 부모의 현명한 선택이 중요한 역할을 한다. 아이가 판단 능력이 없을 때 부모는 아이를 대신해서 올바른 판단을 해야 할 의무가 있다.

우연한 계기에 시작된 우등생의 꿈

세월이 흘러 초등학교 6학년 때 일이다. 나는 한 여자아이를 마음속으로 몰래 좋아했다. 그 아이는 공부도 잘했고, 노래도 잘했고, 운동도 잘하는 팔방미인인데다 얼굴까지 예뻤다. 남학생들 사이에서 인기도 꽤 많았다. 하지만 나는 그 아이와 친하게 지낼 수가 없었다. 변변히 말 한 번 건넬 용기조차 없었으니 가깝게 지내지 못하는 것은 당연했다. 아무것도 내세울 게 없다는 사실이 그렇게 뼈아프게 느껴지기는 그때가 처음이었다. 세상에 태어나서 처음으로 공부 잘하는 아이가 정말로 부러웠다. 나는 공부를 잘하거나 운동을 잘하는 아이들은 분명 나와 다른 특별함이 있다고 생각했다. 또,

평범하기 그지없는 내가 공부나 운동을 잘 할 수 있다는 생각은 해 본 적이 없었다. 단 한 번도 잘해 본 경험이 없으니 더욱 그랬다. 그런데 그해 봄, 내 인생의 일대 전환점이 될 만한 사건이 벌어졌다.

"성원아, 상준이 형이 졸업하면서 우등상을 받았단다."

어느 날 저녁식사 후에 들려온 어머니의 목소리에는 부러움이 잔뜩 배어 있었다.

김상준은 바로 우리 옆집에 사는 형으로 나보다 한 살이 많은 선배였다. 다음 날, 나는 상준이 형을 찾아갔다. 상준이 형의 방에는 번쩍거리는 금메달이 걸려 있었다. 금메달에는 '우등상'이라는 글자가 선명하게 새겨져 있었다. 그것은 몹시 충격이었다. 번쩍거리는 금메달은 어린 나에게 큰 소망을 품게 했다. 왜 그랬는지 모르지만 그 금메달을 손에 넣고 싶다는 강렬한 충동이 가슴속을 파고들었다. 공부에 대한 나의 꿈은 이렇게 시작되었다. 다음 날 나는 담임 선생님을 찾아갔다.

"선생님, 우등상이 뭐예요?"

"음, 그건 졸업할 때 공부를 잘한 학생들에게 주는 상이야. 반에서 5명씩."

나는 또 물었다.

"선생님, 저도 그 상 탈 수 있어요?"

그러자 선생님께서 빙그레 웃으며 이렇게 대답하셨다.

"지금 성적으로는 조금 모자라지만 네가 조금만 노력하면 충분히 탈 수 있지."

그때 선생님이 이렇게 대답해 주신 게 얼마나 다행인지 모른다. 만일 '너는 성적이 모자라니 꿈도 꾸지 마라'고 했다면 나는 평생 공부와는 담을 쌓고 지냈을지도 모른다. 실제로 미국의 교육학자 로젠탈과 제이콥슨은 1968년 한 초등학교에서 지능검사를 실시했다. 그런 다음 무작위로 학생을 뽑아 '지적 능력이나 학업성취 가능성이 높은 학생들'이라고 거짓 정보를 주었다. 그랬더니 몇 달 뒤 실제 학업성적에서 이 학생들의 점수가 다른 학생들의 평균보다 높았고, 예전에 비해 크게 향상되었다고 한다. 이처럼 어린 시절에는 선생님이나 부모, 형제들의 말 한마디가 그들의 인생에 중요한 역할을 한다. 감수성이 예민한 어린아이들은 권위 있는 사람의 말을 그대로 믿는 경향이 있기 때문이다. 나는 선생님의 말을 그대로 믿었고 무슨 생각인지 몰라도 집으로 돌아오자마자 책상에 나의 목표를 큼지막하게 적어서 붙여 놓았다.

'나의 목표는 우등상이다. 천재는 99%의 땀과 1%의 영감으로 이루어진다.'

이런 표어를 붙여 놓는 일이 처음이었는데 붙여 놓고 보니 왠지 흐뭇한 생각이 들었다. 이 표어를 보고 아버지 친구분들이 나를 '민디슨'이라고 불렀다. 이렇게 불리는 게 별로 기분 나쁘지 않았다. 나도 에디슨처럼 큰 사람이 될 수도 있다는 생각에 뿌듯하기까지 했다. 처음으로 공부한다고 달려드니 좀 어색하기도 했다. 다행히 워낙 책을 좋아하는 탓에 금세 교과서에 익숙해졌다. 초등학교 과정이라 생각보다 쉽게 따라잡을 수 있었고, 그렇게 하나씩 하나씩 배워 가며 서서히 공부하는 재미에 빠졌다. 마침내 졸업식 날, 내 목에도 금메달이 걸렸다. 그때 나는 1등을 한 아이와 내가 별로 크게 다르지 않다는 사실을 비로소 깨달았다. 이제 와서 생각해 보니 그 깨달음은 우등상 금메달보다도 값진 것이었다. 후일담이지만 당시 나는 금메달이 실제 금으로 만든 것이 아니라는 사실을 알고 솔직히 약간 실망하기도 했다.

나를 바꾼 희망의 한마디, "넌 할 수 있어"

나는 집 근처에 있는 고명 중학교에 입학했다. 영어 수업 첫 시간, 얼마나 당황스러웠는지 지금도 절대 잊혀지지 않는다. 알파벳 ABC를 모르는 사람은 나밖에 없었다. 남들은 더듬거리며 영어로 말하는데 나는 난생 처음 알파벳을 접한 것이다. 처음에는 당황스러웠지만 알파벳을 하나하나 배우는 게 너무 재미있었다. 한편으로는 까짓것 공부하면 금방 따라잡을 수 있다는 자신도 있었다.

중학교 첫 시험 결과가 발표되던 날. 집안에 경사가 났다. 내가 반에서 4등을 한 것이다. 부모님은 정말 기뻐하셨다. 어머니와 나는 과일바구니를 사들고 초등학교 때 담임 선생님을 찾아갔다. 감사의 인사를 드리기 위해서였다. 그런데 칭찬할 줄 알았던 담임 선생님이 어찌된 일인지 실로폰 채로 내 머리를 딱 하고 때리는 게 아닌가.

"우등상을 탄 놈이 1등을 해야지. 4등이 뭐야!"

나는 어리둥절했다.

'한 반에 70명인데 그중에서 4등이면 나보다 잘하는 애는 3명뿐이고 나머지 66명은 못하는 애들인데…. 왜 선생님은 내 머리를 때린 걸까?'

그런데 곰곰이 생각해 보니 선생님 말씀이 맞는 것 같았다. 우등상도 탔으니 어쩌면 내가 1등을 할 수 있을지도 모른다는 희망이 생기기 시작했다. 선생님은 어떤 의도에서든 나에게 '할 수 있다'는 의식을 심어주려 했던 것 같았고, 다행히 나는 그런 선생님의 말씀이 자극이 되어 더욱 열심히 공부했다. 그때부터 나는 정말 1등을 하기로 마음먹고 공부를 했다. 선생님의 말 한마디로 인해 나에게 1등이라는 구체적인 목표가 생긴 것이다. 물론 공부를 하는 동안 이렇게 해봤자 안 될지도 모른다는 생각을 한 적이 많았다. 하지만 그런 생각을 지우고 열심히 공부했고, 열심히 하다 보니 다른 선물이 기다리고 있었다. 공부가 재미있다는 사실을 깨닫게 된 것이다.

아는 게 많아지면서 점차 자신감도 붙었고 선생님들이 질문을 하면 가장 빨리 정확한 답을 말하는 아이가 되었다. 비록 아직 어린 나이였지만 나는 내가 발전하고 있다는 사실을 깨달았다. 그렇게 시간이 흘러 다시 시험을 치렀고 시험 결과가 발표되었다.

'전교 1등!'

어머니는 충격을 받으신 것 같았다. 나 역시 그 사실을 믿을 수 없었다. 열심히 목표를 향해 내달리다 어느 순간 골인 지점에 와버린 것이다. 전교 1등을 하고 나니, 나를 대하는 주변 사람들의 태도에 커다란 변화가 생겼다. 가장 먼저 어머니의 태도가 확연히 달라졌다. 어머니뿐이 아니었다. 학교 선생님들과 친구들도 나를 공부 잘하는 아이로 인정해 주었다. 다음 학기에 나는 반장이 되었고 졸업할 때까지 그 자리는 변함없는 나의 자리였다. 모두가 나를 1등으로 대해 주었다. 그 기분을 느껴보지 못한 사람은 아마 모를 것이다. 한마디로 기분이 최고였다. 오로지 나의 땀과 노력으로 얻은 결실이었기에 더욱 뜻깊었다.

내 어머니의 자녀교육 원칙

어머니는 조금 지나치다 싶을 만큼 교육 문제에 극성스러웠지만, 어떻든 합리적인 교육관을 갖고 계셨다.

첫째, 용돈을 풍족하게 주지 않았다. 물론 용돈에 대해서는 긍정적 요소와 부정적 요소가 혼재하지만 그래도 그건 올바른 판단이었다고 생각한다. 사실 이제 와서 생각해 보면 아이들에게 용돈을 주는 것은 돈을 쓸 시간을 주는 것과 다름없다.

둘째, 누구를 만나도 나를 칭찬하고 자랑했다. 항상 겉으로는 창피해서 얼굴을 붉히기도 했지만 마음속으로는 우쭐하는 느낌이

들었다. 심지어 택시를 타고 가다가도 기사 분에게 우리 아들이 1등이라고 자랑을 하곤 했다. 혹자는 부모의 지나친 기대가 자식을 망친다고 한다. 하지만 나는 그렇게 생각하지 않는다. 부모의 올바른 기대는 자식을 더욱 발전시키는 원동력이며, 무관심이 자녀를 망치는 치명적인 원인이다. 기대하지 않으면 발전도 없기 때문이다.

셋째, 항상 공부 잘하는 아이들의 모임에 나를 넣어주려고 노력했다. 그러한 부모님의 노력이 내가 공부하는데 적절한 자극이 되었고, 결과적으로 커다란 도움이 되었다. 즉, 부모님께서 나에게 공부할 수 있는 환경을 만들어주기 위해 열성을 보여 주셨기에 지금의 내가 있다고 생각한다. 그래서 지금도 변함없이 나는 아이들이 공부를 잘하는 데는 부모님의 역할이 무척 중요하다고 생각한다.

대개 아이들은 겉으로 내색하진 않지만 부모님의 기대에 부응하려는 마음을 가지고 있다. 사실 나도 부모님의 기대를 저버리지 않기 위해 더 열심히 공부한 적도 많았다. 좋은 성적표를 들고 집에 왔을 때 부모님의 얼굴에 피어나는 환한 웃음을 보면 '내가 참 좋은 일을 했구나' 싶어 스스로 만족했던 적도 많았다.

다시 강조하지만 부모의 지나친 기대가 자식을 망치는 경우도 물론 있다. 하지만 부모의 기대가 없다면 자식을 완전히 망친다는 사실을 명심하기 바란다.

공부에서 중요한 것은 잘하려는 '마음가짐'이다

성적이라는 놈은 참으로 묘한 구석이 있다. 못할 때는 못하는 것이 당연하게 여겨지는데 한 번 잘하고 난 다음에는 계속 잘하는 것에 익숙해진다. 마치 철새가 제 고향을 찾아가듯 조금 성적이 떨어지면 그곳이 내 자리가 아니라는 생각이 들었다. 그래서 공부를 잘하는 나로 돌아가려는 귀소본능 같은 게 작용했다. 이처럼 성취 경험은 중요하다. 마치 사업으로 성공했던 사람이 망하더라도 다시 사업으로 재기하는 것과 같다. 마찬가지로 공부를 잘했던 경험을 가지고 있는 아이는 조금만 정신을 차리면 언제든 제자리로 갈 수 있다.

내가 다녔던 대일 고등학교의 공부 방식은 스파르타식이었다. 그런데 한편에서는 내가 말하는 동기 부여식 학습법을 채택하고 있는 측면도 있다. 내가 졸업할 당시에 약 60명 정도가 서울대에 합격했고, 우리 윗대 선배들은 70명 혹은 80명씩 서울대에 입학했다. 특목고가 아닌 일반 배정으로 강북에서 그런 성적을 낸 것은 일간지 사회면을 장식하고도 남을 일이다. 그럼 대일 고등학교의 동기 부여식 학습법에 대해 간단히 살펴보겠다.

첫째, 선생님들은 늘 훌륭한 선배들의 이야기를 들려주며 우리에게 그 전통을 이어나갈 사명이 있음을 강조했다. 또 선배들의 성적표를 복도에 붙여 놓고 그 옆에 우리의 성적표를 붙여 놓았다. 그래서 전교에서 약 100등까지는 누구나 서울대를 목표로 공부하는 분위기를 만들어주었다. 선배들이 70명 정도 서울대에 입학했으니 현재 100등을 하는 학생들도 서울대에 들어갈 수 있다는 자신감을 갖고 공부할 수 있게 해준 것이다.

둘째, 학교 안에 '대일학사'라는 자습실이 있는데, 그곳에서 공부할 수 있는 자격을 제한하였다. 그 이유는 대일학사를 이용하는 학생은 마치 예비 서울대 입학생이 된 느낌이 들 정도로 자신감을 심어주려는 것이었다. 즉 대일학사에 들어가서 공부할 정도 실력이라면 서울대에 진학하는 것은 당연하다는 생각이 들도록 했다.

셋째, 스파르타식 학습법을 쓰면서도 자발성을 강조했다. 아침부터 밤까지 원하는 학생들만 남아서 공부하도록 했고, 그것을 학생들의 권리로 느끼게 했다. 이와 같이 자율성을 살린 학습법이 가정환경이 어려운 학생들도 명문대에 진학할 수 있게 한 원동력이 되었던 것 같다. 공부에서 가장 중요한 것은 공부를 잘하려는 마음가짐이며, 다른 모든 것은 그다음이다.

지금 공부를 잘해도 성적이 떨어지는 것은 한순간이다

고등학교 입학 후 첫 여름방학이 지나고 2학기를 맞았지만 도무지 공부가 손에 잡히지 않았다. 그래서 2학기 들어 한 달 반을 꼬박 모형비행기를 만들며 보냈다. 학교에서 집으로 돌아와서는 글자 한 자조차 읽지 않았다. 그 결과 모의고사 성적 전교 40등. 특히 수학 성적은 참혹했다. 공부를 잘하기까지는 오랜 시간이 걸리지만 성적이 떨어지는 것은 순간이다. 그러므로 학생과 부모는 대학 합격통지서를 받기 전까지 절대 마음을 놓아서는 안 된다.

그러던 어느 날, 나는 만들던 비행기를 조용히 창고에 집어넣었다. 문득 '나의 꿈은 서울대에 입학하는 것'이었는데 비행기가 나의 꿈을 태우고 멀리 날아가는 것 같은 느낌이 들었다. 꿈이 멀어지는 느낌은 참기 어려울 정도로 고통스러웠다. 다시 공부를 시작했다. 예전만큼 잘되지 않았다. 그나마 전 과목을 보는 중간고사나 기말고사는 전교 1등을 했는데 국영수만 보는 시험은 여전히 성적이 안 좋았다. 특히 수학 성적이 전체 성적을 깎아먹었다. 하루하루 수학에 대한 공포가 나를 괴롭혔다.

1학년 겨울방학에 나는 독서실을 다니기 시작했다. 독서실에서는 공부에 집중하는 고3 선배들의 모습에서 나의 미래를 그려 보며 열심히 공부했다. 한 과목도 놓치지 않으려고 골고루 시간을 안배해서 공부했다. 하지만 결과적으로 보면 그건 별로 좋은 방법이 아니었다. 방학은 부족한 과목을 집중적으로 보충하는 게 좋다는 사실을 나중에야 깨달았다. 그리고 잘하는 과목과 못하는 과목에 똑같이 시간을 투자하거나, 중요한 부분과 중요하지 않은 부분에 같은 시간을 할애한 것도 적절한 방법이 아니었다.

2학년이 되고 나서는 수험생이라는 마음으로 독하게 공부하기 시작했다. 물론 주말은 여유 있게 지냈지만 주중만큼은 집중해서 열심히 공부했다. 하지만 여전히 수학이 나의 발목을 잡고 있었다.

너무 자신 없었고 수학 때문에 서울대 진학이 어려울지도 모른다는 생각까지 할 정도였다. 그러다가 2학년 여름방학 때 나는 큰 결심을 했다. 아니, 그건 비장함이 담긴 일종의 결단이었다. 더 이상 이렇게 수학에 질질 끌려다닐 수 없다고 생각했고, 방학 내내 수학만 공부하기로 마음먹었다.

'수학아, 네놈이 이기나 내가 이기나 한 번 해보자고!'

나는 수학 때문에 서울대의 꿈을 포기할 수는 없었다. 그래서 공부 시간의 80퍼센트를『수학의 정석』을 푸는 데 투자했다. 한 달 반 정도 그렇게 공부를 했더니『수학의 정석』상, 하권을 거의 다 외우는 수준이 되었다. 그렇게 해서 나는 나를 가로막고 있는 수학이라는 어려운 산맥을 넘어섰다. 이후 수학은 내 발목을 잡는 과목이 아니고 도리어 나를 떠받쳐 주는 과목이 되었다.

동기부여 전문가인 브라이언 트레시는 이런 말을 했다.

"누구나 승자가 된 기분을 느끼고 싶어한다. 그런 기분을 느끼기 위해서는 승리해야 한다. 어떤 과제를 100퍼센트 마무리하면 승자가 된 듯 느낄 수 있다. 이것을 되풀이하는 습관이 붙게 되면, 삶은 지금으로서 상상도 할 수 없을 만큼 크게 향상되기 시작한다."

만일 어떤 과목을 반드시 정복해야 하는데 다른 과목에 비해 성적이 안 오른다면, 지금까지 해온 것의 몇 배를 투자해서라도 무식하고 용감하게 덤벼야 한다. 그러면 야생마 같던 그 녀석이 놀랍게도 잘 길들여진 애마로 변할 것이다.

놀면서 서울대에 들어간 사람은 단 한 명도 없다

고3 때는 누구나 지독한 통과의례를 치른다. 수험생이나 학부모는 모두 인정해야 한다. 정말 힘든 시기라는 사실을 말이다. 하지만 그럼에도 내 아이는 이 시기를 반드시 이겨낼 거라는 믿음을 갖는 것이 더더욱 중요하다.

고3이 되자 노력하는 것에 비해 능률이 별로 오르지 않는다는 생각이 들었다. 그래도 참고 열심히 공부했다. 시간이 지날수록 공부하는 시간과 양은 더 늘어나는 반면 성적은 자꾸 정체되어 있는 느낌이 들면서 점점 힘들어졌다. 나중에는 집중도 잘 되지 않았다. '도대체 왜 이렇게 공부를 해야 하는 거지? 꼭 서울대에 들어가야 할 이유가 뭐냐고?'

문득 이런 회의감마저 들기 시작했다. 일생일대의 위기를 맞은 것이다. 슬럼프가 찾아왔다. 당시에는 아무에게도 내색하지 않았지만 신경성 소화장애에 시달렸고, 의욕마저 상실한 상태였다. 아침부터 밤까지 책상에 앉아서 집중하려고 노력하는데도 아무 이유 없이 공부하기가 싫었다. 이러면 안 된다고 아무리 스스로를 타일러도 어쩔 도리가 없었다. 그러자 불안이 나를 덮쳤다. 그렇다. 나도 '고3병'에 걸린 것이다.

그러던 어느 토요일 하굣길. 짙은 안개 속을 헤매던 중에 나를 밝은 빛으로 인도해 줄 한 등대를 발견했다. 내 마음의 병을 치료한 계기는 너무나 단순했다.

'꼭 서울대를 가야 할 이유는 없잖아.'

이렇게 나를 합리화하고 있던 바로 그때, 버스정류장에서 난생처음으로 서울대생을 보았다. 나는 갑자기 눈이 번쩍 뜨였다. 그 청년은 교련복 차림이었는데 명찰에 선명하게 '서울대학교'라는 글자가 박혀 있었다. 그동안 나는 진짜 서울대생을 본 적이 없었다. 직접 보니 순간 아득하게 현기증이 일면서, 나도 꼭 서울대에 가고 싶다는 강렬한 꿈이 다시 생겨났다. 그리고 어디서 힘이 났는지 다시 공부에 집중할 수 있었고, 결국 서울대 교련복을 입고야 말았다. 대학에 들어가서 처음 몇 달 동안은 일부러 교련복을 입고 다니기까지 했다.

나는 몸이 그렇게 튼튼한 편이 아니었다. 특히 소화 장애가 심했다. 체질상 매일 밤 12시면 잠자리에 들어야 했고, 대신 새벽 6시에 일어나 규칙적인 생활을 했다. 소화가 잘 되는 음식을 주로 먹되, 야채와 과일을 충분히 섭취해 부족한 비타민을 보충했다. 시험 볼 때까지 모든 과목을 노트 한 권으로 정리했고, 시험장에는 그 노트 한 권만 가져갔다. 지금 생각해도 참 성실하게 일 년을 보냈다. 무리하지도 않았지만 결코 게으름을 피우거나 중단하지도 않았다. 하루하루 목표를 세우고 완벽하게 실천한 일 년이었다. 그 보상은 참으로 달콤했다.

합격자 발표날, 부모님이 행복해하는 모습을 보니 그렇게 뿌듯할 수가 없었다. 누가 뭐라고 하든 놀면서 서울대에 들어온 사람은 단 한 명도 없다. 이런저런 무용담을 늘어놓으며 놀면서도 충분히 서울대에 갈 수 있다는 식으로 말하는 사람들에게 절대 현혹되어서는 안 된다. 세상은 불공평한 것 같지만 결국 노력한 만큼 거두게 되어 있다.

재미있는 우화가 하나 있다. 옛날 어느 현명한 왕이 현자들을 한자리에 모아 놓고, 후세에 남길 수 있는 세기의 지혜를 모두 담아 책으로 만들라고 하였다. 현자들은 오랜 세월 동안 연구한 끝에, 마침내 열두 권의 책을 만들어 왕에게 바쳤다. 열두 권의 책을 받아든 왕이 이렇게 말했다.

"이것은 분명히 세기의 지혜가 담긴 책이긴 하지만 분량이 너무 많소. 사람들이 읽지 않으면 소용이 없으니 간략하게 줄이도록 하시오."

왕의 명령을 받은 현자들은 또다시 오랫동안 연구하였고, 다시 한 권의 책으로 줄였다. 하지만 왕은 내용을 더 줄이라고 명하였다. 현자들은 한 권의 책을 한 장으로, 또 그것을 다시 하나의 문장으로 바꾸었다. 마침내 왕은 그 한 문장을 보고 매우 기뻐하며 이렇게 말했다.

"이것이 바로 세기의 지혜요. 모든 사람들이 이것을 배운다면 세상의 모든 문제가 해결될 것이오."

현자들이 후세에 물려주기 위해 만든 세기의 지혜란 과연 무엇이었을까?

'공짜는 없다.'

세상의 진리 중에 진리가 바로 '공짜는 없다는 것'이다. 나는 꿈을 가졌고, 꿈을 가졌기 때문에 슬럼프를 이기고 꿈을 이뤘다. 꿈은 결실의 첫 단추다. 이 사실을 이 땅의 모든 부모와 아이들이 결코 잊지 않았으면 좋겠다.

1부

공부의 가장 기초가 되는 '기본력'

"
공부에서 기본력을 다진다는 말은 쉽게 말해, 공부를 하기 위한 기초 체력을 쌓는다는 말과 같다. 기본력에는 크게 지능, 집중력, 학습유형이 있는데, 이는 유전적인 요인과 어릴 때의 환경, 습관에 의해 어느 정도 결정된다. 그래서 아이가 초등학생일수록 기본력을 키워 주는 일이 무엇보다 중요하다. 일단 초등학교 때 공부를 잘하기 위한 기본력을 충분히 다져 놓으면, 중고등학교 공부에서 훨씬 수월하게 성적을 올릴 수 있다.

이번 장에서는 공부를 시작하기 전에 가장 먼저 알아야 할 기본력에 대해서 살펴보자.
"

아이를 '아는 것'에서 모든 변화는 시작된다

공부가 무엇인지 모르면 절대 잘할 수 없다

'이해하지 못하면 소유할 수 없다'는 말이 있다. 이처럼 공부도 무엇인지 알아야 내 것으로 만들 수 있다. 나와 내 아이를 힘들게, 혹은 기쁘게 만드는 이 공부란 녀석의 정체는 과연 무엇일까?

먼저 그중 하나는 학교와 학원에서 배우고 시험을 보는 공부이다. 이 공부의 특징은 일정한 범위와 기한이 정해져 있다는 점이다. 이런 공부를 할 때 가장 주의해야 할 부분은 공부를 많이 한다고 해서 성적이 오르는 것이 아니라는 점이다. 이런 종류의 공부는 시험범위 내에서 공부를 해야 하는데, 이때 아는 것을 늘리는 게 아니라 모르는 것을 줄여 나가는 게 관건이다. 공부를 많이 하는데도 성적이 오르지 않는 아이들은 대부분 범위 내에서 요점을 파악하는 능력이 떨어지고 계획에 맞춰 공부하는 습관이 없다.

두 번째는 상급학교의 진학을 위해서 하는 공부다. 각각의 옳은 부분들이 합쳐진 전체가 언제나 옳은 것은 아니다. 학교 공부를 성실하게 했다고 해서 반드시 대학 입시에서 성공하는 것은 아니라는 뜻이다. 입시는 가르치는 사람이 출제하지 않는 시험이다. 학교 시험이야 공부를 가르치는 사람이 시험 문제를 출제하다 보니 범위가 매우 명확하다. 반면 입시는 대략적인 범위가 있기는 하지만 그 범위 내에서 그대로 문제가 나온다기보다는 그 범위를 공부한 학생의 실력에 결과가 좌우되는 문제가 나온다. 그래서 이런 경우는 좀 더 본질적인 실력을 키우는 방식으로 공부를 해야 하고 기출문제를 풀면서 스스로의 실력을 꾸준히 점검하는 것이 필요하다.

세 번째는 성적과 관계없이 새로운 것을 알아가는 즐거운 공부다. 일반적으로 독서활동과 생활 속에서 배우고 느끼는 모든 것이 여기에 속한다. 이러한 공부는 그야말로 즐겁기 그지없다. 공부한 결과를 점수나 석차로 평가하지 않고, 합격과 불합격을 가리지 않는다면 얼마나 즐거울까? 여기서는 순수한 몰입의 기쁨과 삶의 지혜, 감동이 있다. 이런 공부는 일반적으로 초등학교 시절에 느낄 수 있지만 시험을 보고, 점수와 석차가 나오며, 상급학교 진학의 합격과 불합격을 결정하는 중고등학교 공부와는 거리가 있다. 하지만 중고등학교 시절에도 학교 공부나 입시 공부 이외에 시간을 내서 즐거운 공부를 병행해야 한다. 교과서에서는 지식을 얻고 독서를 통해서는 지혜를 얻는 것이다.

위의 세 가지 공부는 어느 것이 더 중요하고 덜 중요하고를 나누기가 쉽지 않다. 결국 모두 조화롭게 해나갈 때 과정과 결과가 모두 좋은 공부라고 할 수 있다.

공부의 5단계

옛날 공자님께서는 '학이시습지 불역열호 學而時習之 不亦說乎, 배우고 익히면 즐겁지 아니한가'라고 하셨다. 여기에 기반하여 나는 배우고, 익히고, 시험을 보는 것까지를 모두 '공부'라고 정의한다. 모든 공부는 기본적으로 다음과 같은 단계를 거친다.

입력 ➡ 단기기억 ➡ 사고 ➡ 장기기억 ➡ 출력

입력

입력은 컴퓨터에 있어서 마우스나 키보드, 녹음기, 카메라와 같은 것이다. 일반적으로 공부는 눈과 귀로 입력이 된다. 이를 '시각적 집중력'과 '청각적 집중력'이라고 한다. 입력 기능이 좋다는 말은 선택된 정보가 정확하게 많이 들어온다는 것이다. 여기서 선택된 정보란, 필요 없는 잡다한 정보를 제외하고 내가 취해야 할 정보만을 말한다. 입력 기능이 좋지 않다는 말은 필요한 정보가 아닌 잡다한 정보가 마구 들어오거나 혹은 아예 들어오지 않는 것이다. 입력, 즉 집중력이 좋지 않으면 수업을 들어도 남는 것이 없고 혼자서 공부해도 허송세월만 보내게 된다.

단기기억

기억이란 자극을 느끼고 뇌에 넣는 것을 말한다. 기억은 작업기억, 단기기억, 장기기억으로 분류된다.

작업기억은 짧은 시간 동안 머릿속에 이미지가 남는 것으로, 기억회로에 저장되지 않는다. 단기기억은 작업기억과 달리 기억회로에 저장된다. 보통 순간기억 중에서 인상이 강한 것들이 단기기억으로 이동한다. 시험 보기 직전까지 달달 외워 머릿속에 남은 결과가 바로 단기기억에 해당한다. 뇌를 전문적으로 연구하는 것이 아니라면 작업기억과 단기기억을 비슷한 개념으로 생각해도 된다. 둘 모두 단기간 기억할 수 있는 능력이다. 이 능력이 중요한 이유는 잠깐이라도 기억된 것들만이 사고의 단계로 가기 때문이다. 단기기억력은 집중력과도 딱 붙어 있어서 집중력과 단기기억력은 같이 좋거나 같이 안 좋은 경우가 대부분이다.

사고

입력과 기억은 모두 사고를 위해 반드시 필요한 과정이다. 입력되지 않으면 기억할 것이 없고, 기억하지 못하면 사고할 것이 없게 된다. 사고력은 이해력, 문제해결력, 비판적 사고력으로 구성된다. 이해력은 개념을 정확하게 받아들이는 능력으로, 개념을 확실하게 이해하면 암기할 것이 줄어든다. 문제해결력은 새로운 문제를 접했을 때, 그것을 종합하고 분석하여 논리적으로 해결하는 능력을 말한다. 교과과정에서 공부는 논리적인 사고로 문제를 해결하는 과정으로, 체계적인 훈련을 통해 향상시킬 수 있다. 마지막으로 비판적 사고력은 많은 경험을 통해 얻을 수 있는 능력이다. 주변에서 보고 들은 상황이나 책에서 읽은 내용 등에 대해 친구들이나 가족과 함께 의견을 교환하면 비판적인 시각을 갖고 현상을 파악하는 능력을 기르는 데 도움이 된다.

출력

아이가 수업을 얼마나 이해했는지 알아보는 방법은 아이의 글이나 말, 행동 등을 기준으로 확인하면 된다. 이처럼 겉으로 드러나는 결과를 출력이라 한다. 다시 말하면 출력은 다양한 형태의 시험을 의미한다. 아이들은 새로운 정보를 입력하면 머릿속에서 작업 과정을 거쳐 스스로의 것으로 만들고 자신만의 표현으로 출력한다. 이때 많은 사람들이 단순히 아는 내용을 제대로 표현하는 것만을 출력이라고 생각하지만, 출력을 통해 다음 입력 과정을 스스로 조절하는 능력이 더욱 중요하다. 문제를 풀 때는 정확성뿐만 아니라 얼마나 신속하게 처리하는가도 매우 중요하다. 테스트는 대부분 얼마나 빠르고 정확하게 처리하는가를 평가한다. 따라서 처리 속도를 높이는 훈련이 반드시 필요하다. 아이가 문제를 해결하는 속도가 느리다면 제한 시간을 자주 알려 주고 반복적인 공부 패턴을 몸에 익히게 하여 처리 속도를 점진적으로 올리는 훈련을 하면 좋다. 빠르지만 실수를 자주 하는 아이는 틀리는 문제를 반복해서 풀게 하면 실수하지 않고 정확하게 풀 수 있게 된다.

입력, 단기기억과 사고력의 일부를 필자는 공부의 '기본력'이라 부르겠다. 쉽게 말해 공부의 기초체력이라고 생각하면 된다. 공부의 단계에서 '입력-단기기억-사고'의 단계는 유전적인 요인과 유아기~초등학교 시절의 환경, 학습 습관에 의해서 어느 정도 결정된다. 그렇기 때문에 아이가 현재 유아나 초등학생이라면 입력, 단기기억, 사고력 등을 충분히 발전시킬 수 있다. 그런데 중학생 이상이라면 이 능력이 유아기나 초등학교 시절보다는 매우 더디게 발전하므로 변수가 아닌 상수로 두고 대응하는 편이 효과적이다. 어린 나이라면 공부의 기본력을 키우는 것이 최우선 과제다. 하지만 중학생 이상이라면 어느 정도 정해진 자신의 기본력에 맞게 공부를 하거나 기본력을 극복하는 학습법을 익히는 것을 권한다. 다시 말해, 키울 수 없는 상수를 키워서 공부를 잘하게 만들기보다는 나의 집중력에 맞는 학습법을 찾거나 암기법을 배워서 부족한 단기기억력을 극복하고, 자신의 동기를 찾아 학습법을 잘 익히는 방법으로 부족한 사고력을 극복하는 것이다.

일단 사고의 단계를 거쳐서 이해했다면 다음 단계는 장기기억이다. 사고를 완료하면 언뜻 공부를 다 마친 것으로 착각하기 쉽지만, 여기서 멈춘다면 사고한 것을 금세 잊어버리게 된다. 장기기억으로 넣기 위해서는 반복이 중요하다. 공부한 것을 반드시 복습하고 필기해야 한다. 쉽게 출력하기 위해서 암기법을 배우기도 한다. 이런 과정을 '학습법'이라고 하는데, 효과적인 학습법을 배우면 학습력이 증가하고 이는 훈련에 의해서 쉽게 내 것으로 만들어 질 수 있다. 마지막으로 출력은 좀 더 구체적인 기술을 요구한다. 평소에는 잘하는 것 같은데 발표를 못하거나 시험 성적이 좋지 않은 아이들이 있다. 이 아이들은 기껏 배운 것을 소화해 영양분으로 만들지 못하는 경우다. 배우고 익힌 내용을 완벽하게 자신의 것으로 만드는 단계가 바로 출력이다. 이런 능력을 '시험력'이라고 부르겠다.

공부를 잘하기 위해서는 기본력을 배양함과 동시에, 나의 기본력에 적합한 공부를 통해 학습력을 발전시켜 공부의 효율성을 높여야 한다. 나아가 시험력을 내 것으로 만들어 좋은 결과를 만들면 되는 것이다. 그렇다면 이제 공부에서 가장 기초가 되는 기본력부터 천천히 살펴보자.

초등학생 때는 무조건 기본력부터 길러라

위에서 나는 공부를 이루는 상수를 공부의 기본력이라고 명했다. 아이가 공부를 잘하거나 못하는 데에는 반드시 이유가 있다. 그 이유 중에는 훈련을 통해 충분히 키울 수 있는 변수도 있고, 노력만으로는 바꾸기 힘든 상수도 있다. 그러므로 아이가 공부를 힘들어하는 이유가 변수라면 목표와 현재의 상황에 맞게 변화를 주고, 상수라면 현재를 받아들이고 거기에 맞는 솔루션을 주어야 한다.

보다 쉬운 이해를 돕기 위해 스포츠로 비교해 보자. 축구에서 기본력은 달리기 실력(주력)과 90분 동안 뛸 수 있는 기초 체력이다. 히딩크 감독이 한국 대표팀을 맡았을 때 가장 많은 시간을 투자한 훈련이 바로 기초 체력 훈련이었다. 덕분에 선수들은 오랫동안 달려도 지치지 않는 체력을 길렀고, 훗날 월드컵에서 4강이라는 기적 같은 결과를 이뤄냈다. 이전의 한국 대표팀은 초반에 잘하다가 후반으로 갈수록 체력이 급격히 떨어져 집중력과 골 결정력 부족으로 역전당하는 경우가 많았다. 하지만 히딩크 감독 부임 이후부터는 세계 어느 나라 선수들과 비교해도 체력만큼은 지지 않는 팀이 되었다. 뿐만 아니라 훈련을 통해 성장한 선수들은 유럽의 프로 리그에서 고액의 연봉을 받고 활약하기 시작했다.

같은 맥락으로 공부에서 기본력은 지능, 집중력(혹은 단기기억력), 학습유형 등이 있다. 초등학교 아이일수록 가장 키워 줘야 하는 능력이다. 공부를 잘하기 위해서 기본력만 잘 갖추고 있으면 사실 나머지를 키우는 것은 그렇게 힘들지 않다. 그런데 초등학교 고학년 이상이 되면 기본력 자체를 좋게 만드는 데 꾸준한 노력이 필요하다. 그래서 기본력은 상수에 가까운 변수로 인정하고 점진적 변화를 추구하되, 일단 있는 그대로의 모습으로 보고 현재의 상태에서 최적의 학습 방법을 찾는 것이 좋다.

'지금의 내 아이를 아는 것으로 변화는 시작된다'

모든 변화는 지금에서부터 일어나는 것이다. 얼음을 녹여서 끓이는 것과 따뜻한 물을 끓이는 시간은 다르다. 내 아이의 현재를 정확히 알아야 그에 맞는 방법도 생기는 법이다. 현재의 상황은 아이마다 모두 다르기 때문이다.

공부에 있어서, 아이들은 결코 평등하지 않다

인간의 존엄성은 평등하지만 인간의 능력은 매우 불평등하다. 이 전제에서 출발하지 않는 한 교육 컨설팅은 아무런 의미가 없는 직업이 되어버린다. 인간의 능력은 태어날 때부터 유전에 의해 달라지고 자라는 환경에 따라 또 달라진다. 유전과 환경, 훈련, 습관 등 여러 원인에 의해서 지금까지 아이의 학습 기본력이 형성된 것이다. 가령, 머리가 좋은 전교 1등 아이와 습관이 좋지 않은 하위권 아이는 공부에 있어서 결코 평등하지 않다.

전교 1등 아이는 지능도 높고 습관도 좋기 때문에 시간당 학습 효율이 하위권 아이보다 월등히 좋다. 같은 한 시간을 공부해도 머릿속에 남기는 양이 훨씬 많다는 뜻이다. 심지어 전교 일등 아이는 하위권 아이보다 공부하는 시간도 더 많다. 그래서 하위권 아이가 상위권으로 올라가기 힘든 것이다. 학년이 올라갈수록 둘의 격차는 점점 더 벌어질 수밖에 없다. 하지만 하위권 아이가 지금부터라도 자신의 위치를 잘 파악하고 차근차근 기본력을 키워 나간다면 지금의 격차는 얼마든지 줄일 수 있다. 반대로 지금은 상위권이지만 효율적인 공부 방법을 모른다면 시간이 흘러 하위권으로 내려갈 가능성이 아주 높다.

그렇기 때문에 지금 아이 수준을 정확히 파악하고 이에 맞는 대책을 강구해야 한다. 심리학자 알프레드 아들러는 그의 저서 『항상 나를 가로막는 나에게』에서 이렇게 말했다.

"자기 자신을 제대로 이해하게 되면 놀라운 결과를 맞닥뜨리게 된다. 그는 더 이상 과거의 그 사람이 아니다. 습관적으로 했던 말과 행동을 멈추게 되고 진정 자신에게 행복을 가져다주는 선택을 하게 된다. 그러므로 사람에게 있어 진정한 변화는 의지의 영역이 아니다. 그건 인지의 영역이다. 백 번 각오하고 다짐하는 것보다 한 번 제대로 깨닫는 것이 필요하다."

변화를 이끌어내는 힘은 결국 자기 자신에 대한 명확한 이해에서 비롯된다. 현재 자신의 어떠한 부분을 어떻게 변화시키고자 하는지 명확히 인지했을 때 진정한 변화가 시작될 수 있다는 말이다. 보통 사람들은 자신이 원하는 이상적인 모습을 꿈꾸며 변화를 시도하지만, 사실 변화는 현재 자신의 객관적인 모습에서 시작된다. 그런데 왜 우리는 항상 자신의 위치를 잘 모르는 걸까? <u>스스로를 객관적으로 관찰할 수 없기 때문이다.</u> 우리는 자신에게 지나치게 긍정적이거나 혹은 지나치게 부정적이다. 둘 중 어느 것도 스스로를 발전시키는 데는 도움이 되지 못한다. 스스로를 정확하게 파악하지 못하기 때문에 자신에 대한 '오해'가 생긴다.

지능을 파악하는 것이 우선이다

지능이 낮은 아이는 절대 선행학습 NO

지능을 쉽게 설명하자면 학교 공부를 잘할 수 있는 가능성에 대한 예측 지수이다. 별다른 사정이 없다면 지능은 학교 성적과 매우 높은 상관관계를 가지고 있다. 특히 초등학생처럼 아직 자신의 의지가 약한 경우는 상관관계가 더욱 높다. 머리가 좋은 아이는 공부를 잘하고 머리가 좋지 않은 아이는 공부를 못한다는 말이다. 듣기 거북해도 사실이 그렇다. 대단한 노력을 하지 않았는데도 수학 문제를 술술 풀고, 다른 아이들은 열 번 이상 읽어야 아는 내용을 한 번에 이해하고, 다른 아이들이 한 시간이나 걸려 외우는 영어단어를 단 십 분만에 외우는 것이 지능 높은 아이의 능력이다. 지능을 무시한 채 열심히만 하면 공부를 잘할 수 있다고 믿는 것은 지극히 감상적인 사고다. 신체 치수나 인간의 힘도 개인별로 차이가 있지만 그 어떤 것도 지능의 차이만큼 크지는 않다. 가령, 무거운 돌은 둘이나 셋이서 함께 들면 들리지만 어려운 수학 문제는 셋이 모여도 답이 평생 나오지 않는 것과 같다.

그런데 학교는 인간이 평등하다는 전제하에 머리가 좋은 아이와 좋지 않은 아이를 한 반에서 가르치고 있을 뿐더러 배우는 교재까지 같다. 정말 우스운 일이다. 어떤 아이들에게는 지나치게 쉽고, 또 어떤 아이들은 전혀 알아듣지 못하는 소리를 하고 있기 때문이다. 실용적인 측면에서 모두가 피해자라고 할 수 있다. 물론 그렇다고 해서 초등학교 때부터 능력별로 반 편성을 하자는 말은 결코 아니다. 학교 교육 즉, 공교육의 목표는 공부를 잘하는 학생의 양성이라기보다는 조화롭게 사는 건전한 시민을 양성하는 것이다. 그러므로 자신의 수준에 맞는 학습은 방과 후 별도로 하는 편이 바람직하다. 특히 지능은 수학과 가장 밀접한 관계를 지닌다. 사실 머리가 좋다, 안 좋다는 말은 수학의 선행과 심화를 할 수 있다, 없다와 유사한 뜻이다.

- **BEST** 우리 아이는 머리가 우수해서 선행을 한다
- **GOOD** 우리 아이는 머리가 보통이어서 선행을 하지 않는다. 우리 아이는 머리가 나빠서 후행을 한다

- **BAD** 우리 아이는 머리가 좋지만 선행을 하지 않는다. 우리 아이는 머리가 보통이지만 선행을 한다

- **WORST** 우리 아이는 머리가 나쁘지만 다른 아이들을 따라 선행을 한다.

　지능 검사에서 상위 10퍼센트가 나온 아이는 약 일 년, 상위 4퍼센트는 약 이 년, 상위 2퍼센트는 약 삼 년의 선행학습은 무리가 없을 뿐 아니라 되레 학습 동기에 도움이 된다. 스티브 잡스도 자서전에서 선행학습에 관해 의미심장한 말을 남겼다. 그는 초등학교 4학년 때 고등학교 2학년 수준의 지능 검사 결과가 나왔다고 한다. 그러자 수학 선생님은 스티브 잡스에게 수학 속진을 권했다고 한다. 훗날 그는 선행학습을 시작한 것이 아주 잘한 선택이라고 고백했다. 선행을 한 덕분에 지적 호기심이 충족되어 공부에 끊임없이 흥미를 느꼈고, 그 결과 지금의 애플사가 존재할 수 있었다는 것이다. 그는 '당시 학교에서 배우는 수학은 나에게 너무 쉬웠다. 만일 그때 선생님이 수학 속진을 권하지 않았더라면 아마도 나는 수학에 흥미를 잃었을 것이다'라고 회고했다.

　이처럼 머리가 좋은 아이가 선행학습을 하지 않으면 공부에 흥미를 잃기 쉽다. 그러나 머리 좋은 아이가 선행학습을 안 하는 것보다 더 큰 문제는, 선행을 해서는 안 되는 아이가 선행학습을 하는 것이다. 수학을 싫어하는 아이에게 선행학습을 시킨다면 도리어

아이는 수학에 대한 흥미를 잃고 나아가 수학 혐오증까지 생기게 될 것이다.

머리가 좋아서 성공한 사람들은 머리가 좋지 않은 사람들이 왜 공부를 못하는지 결코 이해하지 못한다. 머리는 좋은데 골프를 아무리 해도 점수가 안 나온다든지, 달리기 연습을 아무리 해도 속도가 빨라지지 않는다든지, 혹은 공부는 잘하는데 음치여서 노래를 못하는 것과 비슷하다. 반대로 머리는 좋지 않아도 골프를 잘 치고 노래를 잘하고 달리기를 잘하는 사람들이 있다. 백 미터 달리기의 영웅 우사인 볼트를 보면 달리기를 잘할 수 있는 신체적 조건을 갖췄고, 어릴 때부터 훈련을 받아서 백 미터를 9초대로 달린다. 그렇다면 서울대를 수석 입학한 사람이나 하버드의 수학 천재가 공부하는 데 들인 노력을 달리기에 투자했다면 정말 우사인 볼트처럼 달릴 수 있을까? 아마 중학교 육상 선수보다도 못할 것이다.

공부도 마찬가지다. 공부는 대부분 머리로 하는 것이기 때문에 지능이 좋다는 말은 공부를 잘할 수 있는 가능성이 높다는 뜻과 같다. 공부에서 지능은 축구에서 주력이나 폐활량과 비슷한 개념이다. 물론 지능이 높다고 당장에 공부를 잘하는 것은 아니다. 하지만 지능이 높은 아이는 공부를 시작했을 때 지능이 낮은 아이보다 더 빨리 공부한 내용을 소화할 수 있고 결과도 잘 나와서 지속적으로 공부할 수 있다.

좋은 습관은 좋은 머리를 이긴다

민성원 연구소의 컨설팅 과정에서 첫 번째는 지능 검사다. 우리는 상담을 진행할 때 미리 지능을 검사해 보고 이 아이가 얼마나 많은 시간과 양을 공부해도 지치지 않을지, 얼마만큼 선행을 해도 부작용이 없을지, 지금부터 공부하면 얼마나 빠른 속도로 성적이 오를지 등을 정확히 예측하여 그에 맞는 학습 전략을 설계한다.

아이들의 머리가 좋다는 말은 상대적이다. 즉, 같은 생년월별 모집단에서 상위 몇 퍼센트에 있다는 것을 나타낸다. 여기 머리 좋은 아이와 그렇지 않은 아이가 있다. 두 아이가 오늘부터 열심히 공부한다고 했을 때, 머리 좋은 아이는 흡수력이 좋아서 발전하는 속도가 더 빠르다. 반면 그렇지 않은 아이는 더 많은 시간과 노력을 들인 후에야 발전된 모습이 눈에 보인다.

머리 좋은 아이들은 오랫동안 공부해도 지치지 않으며, 끈기가 있고, 선행학습과 심화학습을 좋아한다. 따라서 아이가 지능이 높은 편이라면 선행과 심화를 함께하는 것이 좋고, 그렇지 않다면 자신의 수준에 맞는 학습을 하는 것이 좋다. 그래서 나는 학부모 상담 시 아이의 지능 수준을 참고하여 빨리 발전할 것이라고 예측하기도 하고, 충분한 시간이 지나야 성적이 오를테니 너무 조급해하지 말라고 조언한다. 특히 초등학생 아이를 둔 부모들에게는 무엇보다 아이의 지능을 키워 주라고 강조한다. 지능은 유전과 훈련이 반반으로 작용해서 만들어지기 때문이다.

학교 성적이 좋고 상위 학년의 수학을 푸는 데 전혀 어려움이 없다면 일단 지능이 높다고 볼 수 있다. 만약 아이의 지능을 더욱 자세히 알고 싶다면 지능 검사를 받아 보는 것도 좋다. 아이가 중고등학생인 경우, 내신 성적과 모의고사 성적이 둘 다 잘 나온다면 지능이 높다고 판단하면 된다. 특히 수학과 국어를 공부할 때 특별히 힘들이지 않고도 성적이 잘 나오는 편이라면 혹은 영어단어나 연표, 지도 등을 잘 외우는 편이라면 지능에서 별 문제는 없다. 대체로 지능이 높은 아이들은 아래와 같은 특징을 지닌다.

- 어휘력이 뛰어나다
- 단기 기억력이 뛰어나다
- 공간 지각력이 뛰어나다
- 문제해결력(혹은 끈기, 과제 집착력, 인내력)이 뛰어나다
- 사회현상을 잘 이해한다
- 눈치가 빠르다
- 연산력이 뛰어나다

하지만 습관은 지능을 이긴다. 아무리 지능이 높아도 습관을 잘 들이지 못한다면 일반적인 지능을 가진 아이들보다 성적이 낮아지게 될 것이다. 나는 십 년 이상 아이들을 컨설팅해 오면서 대학입시에 실패한 많은 천재들을 봐왔다.

다시 한 번 말하지만, 지능이 낮은 아이는 절대 지능이 높은 아이의 공부 패턴을 따라가서는 안 된다. 그 대신 계획을 잘 짜고 시간을 효율적으로 이용해서 전체 학습량과 질을 높인다면, 토끼와 거북이의 싸움에서 거북이가 이긴 것과 같은 결과를 만들어 낼 수 있다. 실제로 서울대가 공시한 자료 중에 '서울대 재학생의 10퍼센트는 지능이 100이하다'라는 기록도 있다. 이처럼 좋은 습관은 좋은 머리를 이긴다.

왜 집중을
못하는 걸까?

주의 산만한 아이와 집중력 높은 아이

아이가 오랜 시간 공부를 하는데도 성적이 오르지 않는다면, 시간을 보내기는 하지만 집중해서 공부하지 않을 가능성이 크다. 공부를 잘하기 위해서는 절대적인 시간이 필요하다. 그런데 공부한 시간이 많은데도 성적이 좋지 않다면 결국 공부하는 시간을 효율적으로 사용하지 못하기 때문인데, 이런 아이들은 대부분 집중력에 문제가 있다. 집중력이 높은 아이는 자신이 선택한 일에 주의를 기울이고 방해되는 외부 자극은 스스로 차단한다. 수업 전후가 분명해서 수업 시간에는 선생님 말씀에 집중하고, 쉬는 시간에는 긴장을 풀며 재충전을 한다. 그리고 다시 수업이 시작되면 집중 상태로 빠르게 전환한다. 반면 집중력이 낮은 아이는 자신이 선택한 자극과 원하지 않는 외부 자극을 구분 없이 받아들인다. 수업 시간에 자꾸 딴생각을 하고, 혼자 공부할 때도 친구랑 놀 생각을 하거나 게임의 한 장면을 떠올리는 등 주의가 산만해진다. 심지어 거실에서 울리는 전화벨 소리에도 누가 전화했는지, 무슨 통화를 하는지 괜히 궁금해하는 아이들도 있다.

집중력 높은 아이는 지금 해야 할 일과 하고 싶은 일이 있을 때, 해야 할 일을 먼저 한다. 공부할 당시는 다소 힘들더라도 마치고 났을 때의 기쁨을 생각하면서 지금의 어려움을 별로 심각하게 생각하지 않는다. 비단 공부 뿐만이 아니다. 집중력 높은 아이는 다른 사람이 말을 할 때 중간에 끼어들고 싶더라도 상대방이 마음 상할 것을 예상하여 경청한다. 하지만 집중력이 떨어지는 아이는 상대방의 마음을 헤아리기보다 자기 욕망이 더 앞선다. 상대방의 말이 채 끝나기도 전에 끼어들어 불쾌하게 만들거나, 심지어는 싸움까지 일으킨다. 또 당장 숙제를 해야 하는데 게임을 하다가 결국 엄마한테 혼나는 경우가 많다. 자제력이 약하기 때문이다.

그렇다면 나이에 따라 집중하는 시간은 어느 정도가 적당할까? 유치원생은 평균 10분 이내, 초등학교 1학년은 10분, 2학년은 20분, 3학년은 30분을 집중하면 양호한 편이다. 이를 기준으로 두고 아이의 신체적 또는 심리적인 상태에 따라 조금씩 가감하면 된다. 만약 아이가 집중하는 시간이 평균보다 높다면 집중력이 좋고, 평균보다 짧다면 집중력이 약하다고 보면 된다. 초등학교 6학년이 되면 60분 이상 집중할 수 있다. 하지만 90분을 넘어서면 집중력이 떨어지기 시작한다. 이건 성인도 마찬가지다. 공부에 있어서 최적의 집중 시간은 약 50분~60분 정도라고 보면 된다.

공부는 수업을 듣는 시간의 총량도, 책상 앞에 앉아 있는 시간의 총량도 아니라 아이가 '집중하는 시간의 총량'에 의해 결정된다. 그러므로 산만해서 집중력이 낮은 아이는 본격적으로 공부를 하기 전에 집중하는 법부터 익혀야 하고, 부모는 아이가 집중하기 좋은 환경을 만들어 주어야 한다.

목표학습법 적당한 긴장감 주기

긴장감은 주의집중력과 매우 밀접한 연관이 있다. 적당한 긴장감은 집중하는 데 많은 도움이 된다. 전혀 긴장하지 않으면 정신이 해이해지지만 반대로 지나치게 긴장하면 심리적으로 경직이 되고 불안해져서 정보가 효율적으로 입력되지 못한다.

나의 공부 유형은 일단 한 번 앉으면 두세 시간씩 몰입해서 공부하는 편이었다. 이런 식으로 공부를 하다 보면 꽤 많은 진도를 나갈 수 있지만, 세 시간 정도 지나면 앞서 공부한 내용이 잘 생각나지 않았다. 시험 시간에는 수학 문제를 50분에 25문제를 풀고도 검토할 시간까지 있었는데 이상하게 혼자서 공부할 때는 15문제 정도밖에 풀지 못했다. 공부를 마치 독서 삼매경에 빠지듯이 즐겁게만 해서 생기는 현상이었다. 즐겁기는 했지만 긴장감이 없었다. 그래서 적절한 긴장을 유지하는 방법을 고민하던 끝에 '목표학습법'을 고안했는데 실제 현장에서 아이들에게 적용시켜 본 결과, 매우 성공적이었다.

목표학습법의 원리는 매우 간단하다. 50분간 공부할 내용을 미리 노트에 적어 놓고 시간 내에 그 목표를 달성했는지 스스로 점검하며 공부하는 방식이다. 아이들마다 집중할 수 있는 최대 시간은 다르기 때문에 어떤 경우는 30분, 40분, 50분으로 공부 시간을 정하고, 어떤 경우는 50분 내에 수학 문제 20개 혹은 영어단어 30개, 과학 문제집 20쪽 등과 같은 방식으로 시간과 목표량을 정하여 공부한다. 이렇게 시간과 목표량을 스스로 정해서 공부하면 적절한 긴장이 유지되기 때문에 단위 시간당 학습량이 늘어나게 된다. 즉, 시간당 생산성이 높아지는 것이다. 다만 자신의 집중 시간을 스스로 정하고 그 시간에 맞는 목표량을 적절히 배분하는 것이 관건이다. 목표량이 적어 매번 시간이 남는다면 조금씩 늘려 가고, 목표량이 너무 과해서 매번 달성하지 못한다면 자신의 수준에 맞추어 다시 조절하면 된다. 집중 시간도 익숙해지면 점차 늘어나는데 최대 90분을 넘기지 않는 것을 권한다. 참고로 나의 경우는 50분 공부하고 10분 휴식하는 식으로 공부했다.

서울대학교 경제학과를 다닐 때의 일이다. 아무래도 대학에 들어오고 나니 입시의 긴장감이 풀려서 고등학교 때처럼 강도 있게 공부하지 못했다. 특히 영어단어 암기는 가장 하기 싫은 일 중에 하나였다. 당장에 봐야 하는 영어 시험도 없던 터라 더욱 그랬다. 하루 종일 끄적거려 봤자 50개 단어도 채 못 외우는 것이 그 당시 나의 공부 스타일이었다. 그래서 여름방학 동안 친구 세 명을 모아 단어 외우기 한 달 작전을 시작했다. 우리는 아침 10시에 만나서 두 시간 내에 단어 100개를 외운 다음 서로 문제를 내고 채점했다. 점심을 먹은 뒤에는 다시 오후 1시부터 단어 100개를 외워 오후 3시에 시험을 보았다. 이 방식대로 오후 6시까지 공부한 다음 채점 후 저녁을 먹으러 갔다. 한 문제를 틀리면 500원씩 벌금을 내기로 했는데, 첫날은 서로 틀린 게 많아서 모인 돈이 무려 8만원이나 되었다. 그 당시 버스 요금이 100원이었으니까 지금 돈으로 계산을 하면 약 80만원 정도가 모인 것이다. 우리는 정신을 바짝 차렸고 그다음 날 시험부터는 네 명이 틀린 개수를 다해도 10문제가 안 나올 정도로 정확성이 높아졌다. 주말을 제외하고 20일간 6,000개의 단어를 외운 셈이다. 목표를 가지고 시간 내에 공부하고, 시험을 보는 완전학습을 했기 때문에 나중에도 많은 단어를 지속해서 기억할 수 있었다. 목표학습법을 제대로 실천한 것이다. 나는 배우고 익힌 즉시 테스트 하는 것을 '완전학습'이라고 칭한다.

아이들이 공부를 장시간 하면서도 성적이 오르지 않거나 공부에 대한 자신감이 없는 것은 완전학습의 효율성을 경험해 보지 못해서다. 나는 컨설팅을 하면서 아이들에게 완전학습을 경험하게 한 후에 그들의 성적이 급상승하면서 자신감을 갖게 되는 것을 수없이 경험해 왔다.

이렇게 완전학습은 단위 시간당 진행하는 고강도의 학습이다. 따라서 긴장감 있게 공부를 했기 때문에 반드시 휴식을 취해서 다음 시간을 준비해야 하고, 휴식할 때는 눈과 머리를 사용하지 않는 산책이나 체조 혹은 다른 사람과 대화를 하는 것이 좋다.

목차학습법 중요한 내용만 떠올려 보기

예전에 EBS 한 다큐멘터리에서 어느 중학교 여학생의 공부 사례가 소개된 적이 있다. 아이는 영어 시험에 대비하기 위해 교과서에 나오는 지문을 연습장에다 빼곡히 쓰면서 공부했다. 모든 과목의 공부를 새벽까지 쓰면서 하다 보니 당연히 잠도 제대로 잘 수 없었다. 손에는 굳은살이 배기다 못해 연필을 제대로 쥘 수도 없는 지경까지 되어, 결국 손에다 고무줄을 묶어서 계속 써야 했다. 다행히 결과는 좋아서 전교 일등을 놓쳐 본 적이 없다고 했다. 하지만 나는 당장이라도 화면 속으로 들어가 그렇게 공부하지 말라고 조언해 주고 싶었다. 학년이 높아질수록 읽어야 하는 지문이 늘어가기 시작하는데 언제까지 쓰면서 공부할 수는 없기 때문이다. 공부는 쓰면서 할 필요도 없고 그렇게 해서는 안 된다.

고등학교 시절 '깜지'를 쓴 적이 있었다. 아침에 담임 선생님께서 도장이 찍혀 있는 시험지를 나누어 주면 집에 가기 전까지 앞뒤를 꽉 채워서 제출하고 가는 것이다. 시험지를 까맣게 채우라고 해서 깜지라는 명칭이 붙었다. 아이들은 대체로 깜지에 단어를 외웠는데, 처음에는 생각하면서 쓰다가 나중에는 별 생각 없이 단어를 계속해서 반복해 쓰기만 했다. 이러니 내용이 머릿속에 남지 않는 것은 당연했다.

단기기억이 장기기억이 되기 위해서는 머리가 아파야 한다. 공부를 하면서 머리가 아파야 되는데 깜지를 채우면 머리 대신 손이 아프다. 꽉 채워진 깜지를 보면서 아이들은 스스로 '아, 오늘은 공부를 정말 많이 했구나'라며 뿌듯해할지 몰라도 실제로 머릿속에 남은 내용은 별로 없다.

서울대학교에 처음 입학해 도서관에서 공부를 하다가 다른 학생들을 보면서 혼자 웃은 적이 있다. 얌전히 앉아 공부하던 학생들은 주기적으로 고개를 들고 허공을 쳐다보았다. 당시의 나처럼 잘 모르는 사람은 이 광경이 우스꽝스러워 보이겠지만, 사실 써본 내용을 머릿속으로 되새김질하는 중요한 과정이다. 이처럼 단어를 외울 때도 한두 번 써본 뒤에 머리로 생각하고 말로 표현해 보는 것이 좋다. 특히 암기 과목은 우선 목표학습법으로 진도를 나간 다음에 목차를 적어 보며 그 안에 들어있는 중요 내용을 떠올려 봐야 한다. 만일 잘 떠오르지 않는다면 되풀이해서 적어도 그 순간에는 외우고 넘어가야 한다.

이렇게 공부하면 자신감이 생겨서 이후 복습을 할 때도 두려움이 없어진다. 만약 목차 점검 없이 진도만 나간다면 이해하는 수준까지는 도달하지만 점검을 하지 않았기 때문에 찝찝한 상태로 공부를 마치게 된다. 그러면 시험 전에 다시 책을 펼쳤을 때는 마치 내용을 처음 접하는 느낌이 드는 것이다. 이런 식으로 공부하는 아이들은 아무리 해도 남는 것이 없어 '나는 기억력이 나쁜가 봐'라는 자기 비하에 빠지기 쉽다. 당연히 성적도 안 좋게 나올 수 밖에 없다.

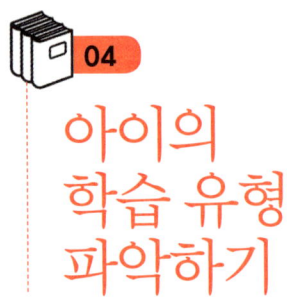

04
아이의 학습 유형 파악하기

유형별로 보는 효과적인 학습 방법

유전적이든 환경적이든 아이들에게는 자신만의 행동 유형이 있다. 계획적으로 공부하는 아이가 있는가 하면 규칙에 얽매이지 않고 즉흥적으로 공부하는 아이도 있다. 어떤 아이는 어른들의 평가에 민감하게 반응하는 반면 다른 사람이야 어떻게 보든 관계없이 자기가 하고 싶은 공부만 고집하는 아이도 있다.

이처럼 아이의 유형을 어느 정도 파악한다면 좀 더 효과적으로 아이의 공부를 지도할 수 있다. 학습 유형은 크게 규범형, 행동형, 이상형, 탐구형으로 나뉘는데, 이는 학습뿐만 아니라 세상을 보는 시각과 일반적인 행동 양식에서도 상당한 차이를 보인다.

계획과 규칙을 중요하게 생각하는 규범형

규범형 아이는 규칙과 계획을 중요하게 생각한다. 대체로 공부를 잘하며, 공부하기 전에 미리 계획부터 세우는 유형이다. 이 아이들은 대체로 모범생이어서 부모님이나 선생님의 말을 잘 듣고, 누가 보지 않더라도 스스로 할 일은 하는 편이다. 규범형 아이들은 일반적인 강의식 수업을 좋아하고 실력 있는 선생님의 체계적인 수업을 좋아한다. 반면 계획에 없는 공부를 시키면 무척 싫어하고 심지어 거부감까지 드러낸다. 또, 국어보다는 수학처럼 정답이 똑 떨어지는 과목을 대체로 좋아한다. 규범형 아이들은 정리된 공간에서 학습할 때 집중력이 향상되며 학습지 풀기, 암기 등 반복적 훈련이 요구되는 과제를 좋아한다. 그래서 과제나 시험이 있을 때 더욱 열심히 공부하는 경향이 있다. 이 유형 아이들은 일단 공부 계획을 세우는 방법만 알고 나면 스스로 알아서 잘해 나간다.

하고 싶은 공부만 골라서 하는 행동형

행동형 아이들은 활동적이며 얽매이는 것을 싫어한다. 이 아이들은 자신이 원하는 것을 바로바로 해야 하는 즉흥적 성향이 강해서 지나치게 계획적인 것을 답답해한다. 이런 자유분방함은 당일치기 공부에는 강하지만 과정이 긴 공부에는 약점으로 나타나기도 한다. 시작은 열의가 높지만 끝이 흐지부지한 경우가 다반사다. 이런 아이들의 약점은 계획적이지 못하다는 것이므로 최소한의 규칙이나 계획을 세우고 지켜야 한다는 것을 가르쳐 주어야 한다. 또한 행동형은 내일이나 미래를 위한 준비의 필요성을 잘 느끼지 못하기 때문에 계획을 세우고 끈기 있게 노력하는 습관을 들이는 자세가 필요하다. 행동형 아이들에게는 세세하고 구체적인 계획보다는 덩어리 시간 계획이 좋다. 즉, '몇 시부터 몇 시까지 수학 공부하기' 식보다 '오늘 안에 수학 교과서 30쪽까지 풀기' 같은 방식으로 짜야 한다. 그래야 집중력을 발휘해서 공부를 잘할 수 있다. 행동형 아이들은 누군가가 관리 감독하기보다 스스로 계획을 세우도록 지도하는 편이 더 바람직하다. 타인의 통제를 받는 것을 극도로 싫어하기 때문이다. 혼자 중얼거리거나 누군가에게 설명하는 방식으로 공부를 하면 효과적이다.

어른의 칭찬이나 꾸중에 민감한 이상형

이상형 아이들은 다른 사람들과의 조화로운 관계에서 만족을 느낀다. 이 아이들은 어른의 평가에 민감한 편인데, 비난에 쉽게 상처를 받거나 칭찬에 크게 동기부여를 받기도 한다. 이 아이들에게 부모,

선생님과의 관계는 매우 중요하며, 개인적인 관심과 보살핌을 받는다면 성장 가능성이 매우 높다. 예를 들어 선생님이 자신의 이름을 기억하고 불러주거나 자신이 좋아하는 것 또는 싫어하는 것을 기억해 주는 사람에게 큰 영향력을 받는다.

이상형 아이들에게 상냥하고 친절한 교사는 매우 중요한 역할을 한다. 자신을 인정해 주는 사람의 말을 잘 따르기 때문이다. 그래서 이 유형의 아이들에게는 자신과 잘 맞는 교사 즉, 칭찬과 인정이 많은 따뜻한 교사, 개개인에게 관심을 갖고 존중해 주는 교사, 화목한 학급 분위기를 이끌어 가는 교사가 필요하다. 관계에 매우 민감하므로 신뢰와 인정, 작은 칭찬 하나가 이 아이들을 이끌어 주는데 큰 도움이 된다. 가령, "~해서 네가 속상했구나", "~가 ~해서 선생님이 정말 고맙구나" 등의 따뜻하고 구체적인 칭찬은 이상형 아이들에게 큰 동기와 에너지를 줄 수 있다. 이상형 아이들의 부모는 평소 대화법에서도 누군가와 비교하는 말보다는 아이의 장점이나 특성을 우선 인정해 주고 칭찬해 주는 것이 무엇보다 중요하다.

좋아하는 과목과 싫어하는 과목이 분명한 탐구형

탐구형 아이들의 가장 큰 특징은 지식 습득과 지적 계발에 대한 욕구가 무척 강하다는 것이다. 이 아이들은 궁금하거나 알고 싶은 것,

관심 있는 것에 대해 모두 자세히 알아야만 직성이 풀리며 이를 설명하고 통제할 수 있는 능력 있는 사람이 되길 원한다. 탐구형 아이들은 인간적인 관계보다 어떤 현상에 대한 호기심이 강하고 이를 탐구하는 데 매우 집중하기 때문에 상대적으로 주변에 관심이 없다. 또 자신과 지식 수준이 비슷한 친구들과 대화, 토론하기를 좋아하며 자기 고집도 굉장히 센 편이다. 그렇기 때문에 주변 친구들로부터 소외되는 경우가 많지만, 스스로가 이를 불편해하거나 문제로 여기지 않는 편이다. 오히려 이런 아이들은 조용히 혼자 책을 읽거나 공부를 하며 시간을 보내기를 좋아한다. 관심 있는 것과 없는 것에 대한 집중도가 확연히 다르기 때문에 좋아하는 과목과 그렇지 않은 과목의 성적 편차도 심하다. 과목 중에서는 특히 논리적인 수학과 과학에 관심이 많다.

탐구형 아이들의 경우 질문이 많거나 조용히 생각하는 것에 몰입하는 경향이 강하다. 탐구형 아이들의 부모는 이를 충족을 할 수 있도록 존중하고, 아이가 무언가를 새롭게 배우고 싶어 한다면 하고 싶은 것을 시켜주는 편이 좋다. 반면 모든 것을 깊게 생각하려는 것이 장점일 수도 있지만, 때로는 가벼이 폭넓게 생각하는 것도 필요하다는 점을 일러 주어 너무 사소한 것에 에너지와 시간 낭비를 하지 않도록 도와주어야 한다. 공부할 때에는 자신과 비슷하거나 조금 더 잘하는 친구와 함께할 수 있도록 하는 것이 이 아이들의 성장을 돕고 흥미롭게 공부할 수 있게 하는 환경이 된다. 일반적인 강의보다는 탐구할 수 있는 다양한 과제를 주어 스스로 충분히 고민하고 학습 후에 비슷한 경쟁 상대와 비판적이고 논리적인 토론을 즐길 수 있게 지도하는 것도 좋은 방법이다. 학습이나 토론이 이루어진 후에는 반드시 질문할 수 있도록 유도해야 한다. 탐구형 아이들은 이미 알고 있는 것에 대해 반복으로 제시하기보다는 새로운 것에 대한 논리적이고 체계적 강의를 할 수 있는 선생님과 잘 맞는다.

2부

초등학교 때 배우면 수능까지 가는 '학습력'

> 아이의 기본력을 점검해 봤다면, 이제부터는 본격적으로 학습력에 대해 알아보자. 달리기를 잘하려면 올바른 자세와 기술 등을 배워야 한다. 피아노를 잘 치려면 악보를 읽는 법과 표현력 등을 배워야 한다. 마찬가지로 공부를 잘하기 위해서는 공부를 잘할 수 있는 방법을 배우면 된다. 앞장에서 말한 기본력이 상수라면 이번에 살펴볼 학습력은 변수다. 즉, 학습력은 누구나 키울 수 있는 능력이다. 학습력의 키워드는 학습 계획, 학습 패턴, 학습 원리다. 아이가 자신에게 적합한 학습 계획을 수립하고, 계획을 실행할 수 있는 자신만의 학습 패턴을 설정하고, 올바른 학습 원리를 적용하여 공부하는 것. 이것이 학습력의 핵심이다.

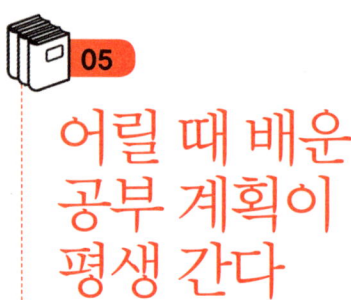

어릴 때 배운 공부 계획이 평생 간다

초등학생 때부터 계획을 잘 세워야 하는 이유

'준비할 시간이 하루만 더 있다면 얼마나 좋을까?'
시험 전날 밤 모든 아이들이 매번 하는 푸념이다. 그동안 미루고 미루던 공부를 시험 직전이 되어서야 시작하는데, 막판 스퍼트를 올려서 공부하다 보니 전날에 최고의 집중력이 발휘된다. 준비할 시간이 딱 하루만 더 있으면 정말 시험을 잘 볼 수 있을 것 같은데 야속하게도 시험은 내일이다. 다음에는 잘해야지 굳게 다짐하지만 두 달 뒤 다시 찾아온 시험 전날 밤, 아이들은 또다시 '아, 하루만 더 있었으면 좋겠다'라고 생각한다. 이렇게 시험을 앞둔 아이들의 푸념은 영원히 반복된다.

그렇다면 도대체 왜 이러한 악순환이 생기는 걸까? 아이들에게 스스로 계획을 세워 보라고 하면 대부분 월요일부터 일요일까지 꽉 채운 계획표를 작성해 온다. 물론 처음 하루 이틀은 계획대로 수월하게 공부한다. 그러다 중간에 예상치 못한 일로 계획이 조금씩 밀리기 시작하면, 밀린 범위까지 공부하기 위해 다시 무리하게 계획을 수정한다.

결국 지키지 못한 계획들은 쌓이고 쌓여 마치 유리잔에 넘치는 물과 같이 흘러간다. 다시 주워 담을 수도 없는 물을 바라보며 아이들은 유리잔에 담긴 물마저 그냥 버리고 만다. 이미 망쳤다는 생각에 아예 포기해 버리는 것이다. 그러고는 '나는 어차피 해도 안 돼!'하며 다시 계획 없는 일상을 보낸다. 이러한 패턴이 반복되면 언제, 어떤 공부를, 어떻게 해야 하는 지에 대해 생각하지 못하고 타이밍을 놓친다. 한 달 전에 시작해야 할 일을 2주 전에 시작하고, 일주일 전에 시작했어야 할 일을 오늘에서야 시작한다. 당연히 결과는 안 좋다.

더 큰 문제는 초등학교 때 쌓은 계획 습관이 고등학교까지 죽 이어진다는 것이다. 앞서 말한 악순환이 고등학교에서 4번 반복되면 일 년이 지나고, 8번 반복되면 이 년이 지나며, 10번 반복되면 입시는 모두 끝나고 만다. 이 악순환의 고리를 하루라도 빨리 끊어내지 않으면 입시는 100퍼센트 실패로 끝난다. 유일한 방법은 초등학교 때부터 계획적으로 공부하는 습관을 만드는 것이다. 아이가 어릴 때부터 부모가 올바른 공부 계획을 짜도록 지도해야 하는 궁극적인 이유도 바로 여기에 있다. 단순히 계획을 수립하는 것이 좋아서가 아니라 계획은 곧 성적이 될 수 있기 때문이다.

그렇다면 왜 항상 계획은 실패할까? 1994년 심리학자 로저 뷸러는 '계획'과 관련된 흥미로운 실험을 진행했다. 그는 학위논문 제출을 앞둔 대학생들에게 언제 논문을 마칠 수 있는지 최선의 경우와 최악의 경우를 예측해 보라고 했다. 학생들은 최선의 경우라면 평균 24.7일이 걸릴 것이라고 보았고, 최악의 경우라고 하더라도 평균 48.6일이 걸릴 것이라고 예상했다.

그런데 실제 결과가 몹시 흥미로웠다. 학생들 중 약 30퍼센트만이 자신이 말한 기간 내에 논문을 제출했고, 나머지 70퍼센트 학생들은 최종 논문을 제출하는 데 평균 55.5일이 걸렸다. 학생들이 예상한 최선의 경우보다는 약 30일이 더 걸렸고 최악의 경우보다도 일주일이나 더 걸린 것이다.

일반적으로 사람들은 주말에 약속이 잡히면 전날에 미리 몇 시부터 외출 준비를 시작하고, 언제 집에서 출발할 것인지 생각한다. 그러나 막상 다음 날이 되어 계획한 대로 외출 준비를 시작해도 매번 시간이 촉박하다. 이동 시간을 분명히 고려했지만 항상 약속 시간보다 10분 정도 늦게 도착한다. 이렇듯 실제 계획이나 예상보다 더 많은 시간이 소요되는 현상을 '계획 오류(planning fallacy)'라고 한다.

계획 오류가 발생하는 이유는 예상을 할 때 최적의 상황부터 떠올리기 때문이다. 그렇다면 왜 최적의 상황부터 떠올리게 되는 걸까? 이유는 낙관주의적 편향에서 비롯된다. 처음 계획을 짤 때 아이들은 굉장히 의욕이 넘친다. 부모님과 선생님의 도움 없이 스스로 계획을 세우고 있다는 사실만으로도 굉장히 뿌듯함을 느낀다. 그러면서 자연스럽게 자신과 자신을 둘러싼 상황에 대해 낙관적인 평가를 내리고, 이 평가를 바탕으로 계획을 세운다. 이것이 바로 아이들이 계획 오류를 저지르는 근본적인 원인이다. 공부를 못하는 아이는 실천 가능성을 고려하기보다는 이상적인 내용의 계획을 통해 완전해질 나를 상상하며 흐뭇해한다.

실제 아이들과 컨설팅을 하다 보면 스스로 세워 온 계획만으로는 이 아이가 상위권인지, 중위권인지, 하위권인지 구별하기가 힘들다. 모두 상위권 같은 계획만 세워 오기 때문이다. 현재 자신의 수준을 고려하지 않은 채 그저 가장 완벽한 계획을 세우기 바쁘다. 이렇게 하면 처음부터 실패할 계획을 세운 것이나 마찬가지다. 결심은 감성적으로 뜨겁게 하더라도 계획 수립은 이성적으로 차갑게 해야 한다.

좋은 계획을 세우는 네 가지 절대 원칙

계획의 중요성을 안다고 하더라도 어떻게 세우는 것인지를 알아야 비로소 계획대로 움직일 수 있다. 그렇다면 어떻게 해야 아이가 자신에게 맞는 계획을 스스로 세울 수 있을까?

첫째, 공부 계획은 현재 수준과 상황을 파악하는 것에서 시작해야 한다. 현재 아이가 어떻게 공부하고 생활하는지를 면밀하게 분석해야 한다. 그래야 현재 잘하고 있는 점과 못하고 있는 점을 찾아낼 수 있고 그에 맞는 계획도 수립할 수 있다. 가령, 국어를 못하는 아이와 영어를 못하는 아이의 공부 계획은 달라야 한다. 수학이 95점인 아이와 70점인 아이의 공부 계획도 달라야 하고, 다섯 시간 이상 공부할 수 있는 아이와 한 시간 밖에 공부할 수 없는 아이의 공부 계획 역시 달라야 한다. 지금 아이에게 필요한 공부는 무엇이고, 주어진 공부 시간은 어느 정도인지 등 현재 수준과 상황을 정확하게 파악한 후, 계획을 짜야 한다. 이것이 유리잔에 넘치지 않게 물을 담을 수 있는 최선의 방법이다.

둘째, 장기적인 목표를 먼저 설정하고 이를 달성하기 위한 단기 계획을 세워야 한다. 대부분 부모와 아이는 계획을 짤 때 주로 한 달 남은 시험을 기준으로 두거나 한두 달간의 방학을 위한 계획표를 세운다. 이처럼 단기간을 위한 계획은 초등학교 때까지는 무리가 없을지 몰라도 중고등학교 공부에서는 절대 통하지 않는다. '입시'라는 최종 목적지가 따로 있기 때문이다. 최종 목적지에 도달하기 위해 중간 목적지들을 선정한 후 빠른 길을 선택하는 것과 무작정 길을 떠난 뒤에 빠른 길을 선택하는 것은 전혀 다른 이야기다. 후자의 경우는 아예 목적지까지 가지 못할 수도 있다. 정말 의미 있는 단기 계획은 장기 계획하에서 운용되고 있는 계획이다. 큰 방향의 흐름 속에서 움직이고 있는 작은 계획이 모이고 모여 결국 최종 목표를 달성하는 과정이 되는 것이다. 그러므로 길게는 일 년, 짧게는 한 학기 정도의 공부 계획을 먼저 정해 놓고, 그에 맞는 세부 계획을 짜는 것이 중요하다.

셋째, 평가목표와 행동목표를 함께 고려하여 계획을 짠다. 여기서 평가목표란 '반에서 1등 하기', '평균 90점 이상 받기'처럼 학습 결과에 초점을 둔 목표이고, 행동목표란 '수학 문제집 한 권 풀기', '영어단어 50개 외우기' 같이 학습 과정에 초점을 둔 목표다. 보통 아이들에게 목표를 세워 보라고 하면 평가목표만을 세우는 경우가 많은데, 평가목표만 세우면 목표가 구체적이지 않아서 실천하기가 어렵다. 반면 행동목표만 세우는 아이들도 있다. 행동목표만을 세우다 보면 동기가 부족해 금세 지치게 된다. 수학 문제집 한 권을 꼭 풀어야 하는 이유, 영어단어 50개를 반드시 외워야 하는 이유가 분명하지 않다. 따라서 학습 동기를 적절히 부여하면서도, 목표를 이루기 위한 과정이 구체적일 수 있도록 두 종류의 목표를 함께 고려하여 계획을 짜야 한다. 자세히 말하자면 궁극적인 목표는 평가목표로 세우되, 그 목표를 달성하기 위한 세부 목표는 행동목표로 짜는 것이 좋다.

평가목표	수학 100점 받기	
행동목표	내용	실천 여부
	1. 학교 수업 복습하기	
	2. 개념 문제 20문제 풀기	
	3. 심화 문제 10문제 풀기	
	4. 수학 숙제는 오늘하기	

위 표처럼 '수학 100점 받기'라는 평가목표를 정하고, 평가목표를 달성하기 위해 지켜야 할 행동목표들을 정한 다음, 그것의 실천 여부를 파악함으로써 평가목표를 달성해 나가야 한다.

넷째, 작은 계획부터 꾸준히 실천하는 연습을 한다. 꿈을 날짜와 함께 적어 놓으면 목표가 되고, 목표를 잘게 나누면 계획이 되며, 계획을 실천에 옮기면 꿈이 이루어진다. 아무리 좋은 계획도 실천하지 않는다면 무용지물이다. 이 당연한 진리를 무시한 채 한참 높은 목표만을 올려다보는 부모와 아이들이 의외로 많다. 학부모 상담을 하다 보면 아이가 실천력이 너무 부족해서 걱정이라는 엄마들의 푸념을 자주 듣는다. 그런데 가만히 들여다보면 아이가 금세 지치는 이유가 있다. 전교 1등은커녕 전국 1등도 실천하기 어려울 만큼 거창한 계획을 세우기 때문이다.

아이가 계획을 지키지 못한다면 아이의 끈기나 노력을 탓하기보다 사소한 계획부터 실천하는 연습을 들이도록 도와주어야 한다. '하루에 수학 문제집 세 장씩 풀기', '하루에 영어단어 10개씩 외우기' 등과 같이 가벼운 계획부터 시작하게 하는 것이 좋다. 작은 실천을 꾸준히 성공하면 그때 한 단계 수준을 올려 다시 계획하고 실천하는 연습을 해야 한다.

학기 계획 세우기

중학교에 들어가면 아이들은 시험 기간이 아닐 때는 교과 외 공부를 하다가, 시험 기간이 되면 교과 위주의 공부를 하는 패턴을 가지고 있다. 보통 한 달을 주기로 두 방향의 학습을 번갈아 하기 때문에 굳이 계획의 필요성을 크게 느끼지 못한다. 그러나 이러한 패턴으로 공부할 경우 다음과 같은 문제가 생긴다.

첫 번째는 교과 외 공부의 비연속성이다. 교과 외 공부를 한 달 간격으로 하다 보면, 얼마 하지도 못했는데 금세 시험 기간이 되어 다시 교과 공부로 돌아가야 한다. 그리고 시험이 끝난 뒤 돌아왔을 때는 이전에 배운 내용이 기억나지 않는 상태로 다시 새로운 공부를 시작한다. 이렇게 공부하면 큰 흐름을 인식하지 못한 채 계속해서 단편적으로 공부하게 되고, 당연히 내용도 쌓이지 못한다. 중고등학생 때 영어 문법을 몇 년 동안 배워도 수능에서 문법으로 점수를 다 까먹고, 문학 작품을 몇 년 동안 공부해도 막상 수능에서는 제대로 기억해 내지 못하는 이유가 바로 여기에 있다.

두 번째는 시험 대비를 철저히 하기 어려워진다. 보통 학원에서는 시험 2~3주 전에 시험 대비를 시작한다. 그동안 아이들은 교과 외 공부를 하느라 교과 공부를 제대로 못했기 때문에 본격적으로 전체 과목을 두루두루 대비해야 한다. 그러나 학원에서는 자신들이 전문으로 하는 과목만을 다룬다. 국어 학원이든, 영어 학원이든, 수학 학원이든 해당 과목만 잘하게 만들면 되기 때문에 필요 이상으로 많은 과제를 내준다. 전과목을 잘해야 하는 아이들은 정작 학원 숙제에 시간을 빼앗겨 시험 준비를 제대로 하지 못한다. 해당 과목 위주로 바쁘게 준비를 하다가 정신을 차리고 보면 시험이 며칠 남지 않았고, 공부할 시간이 부족해 심지어 시험 하루 이틀 전에 처음 보게 되는 과목들까지 생긴다. 시험 대비의 균형이 무너지는 것이다.

그러므로 안정적인 학습을 위해서라도 부모와 아이는 반드시 한 학기 공부 계획을 미리 세워 두어야 한다. 한 학기 동안 해야 할 교과 외 공부와 교과 공부의 방향을 정해 놓으면, 아이는 자신이 공부한 내용을 차곡차곡 쌓아 나가 짧게는 일 년, 길게는 수능까지 가져갈 수 있다. 더불어 적절한 시기에 모든 과목을 골고루 공부할 수 있어 시험 대비 교과 공부도 효율적으로 진행이 가능하다.

가령, 1학기 계획을 세운다고 치자. 1학기는 3월에서 8월까지, 총 6개월의 기간이 있다. 이때 5월 초에 진행되는 중간고사와 7월 초에 진행되는 기말고사를 기준으로 잡고, 교과 공부는 언제 할 것인지 또 교과 외 공부는 언제 할 것인지를 정한다.

먼저 교과 외 공부는 한 학기를 기준으로 시험 대비 기간 두 달을 제외하면 약 4개월의 공부 시간을 확보할 수 있다. 이 4개월 동안 해야 할 공부의 목표를 먼저 정해야 한다. 목표를 정할 때는 앞서 말한 평가목표와 행동목표를 함께 설정하도록 한다. 무엇보다 중요한 것은 중간에 끼어 있는 시험 기간 때문에 교과 외 공부가 연속적으로 이루어지지 않더라도, 이전에 배운 내용이 잘 이어질 수 있도록 계획을 짜야 한다는 점이다. 이를 위해서는 시험이 끝나고 다시 교과 외 공부를 시작할 때, 이전에 공부한 내용을 다시 한 번 확인하고 새로운 진도를 나갈 수 있도록 계획을 수립하면 된다. 학원을 다니는 아이들도 마찬가지다. 학원에서 시험 대비가 끝나고 다시 교과 외 공부로 돌아갈 때, 무작정 수업 진도에 따라가기보다 따로 시간을 내서 이전에 배운 내용을 반드시 정리해야 한다. 그래야 결과물이 쌓이는 공부를 할 수 있다.

교과 공부의 경우에는 가장 중요한 것이 바로 시험이다. 보통 부모와 아이들은 2~3주 정도면 시험 대비 기간으로 충분하지 않느냐고 말하지만 절대 그렇지 않다. 시험 기간에 갑자기 쏟아져 나오는 수행평가나 내신 대비 학원 스케줄 등을 고려한다면 넉넉히 잡아 4주 정도의 기간은 필요하다. 그러므로 시험 4주 전부터는 교과 위주로 공부할 수 있도록 미리 계획을 짜두는 것이 좋다.

한 달 계획 세우기

학기 계획을 수립한 후 해당 월이 되면 그 달의 계획을 조금 더 구체적으로 작성해야 한다.

한 달 계획을 수립할 때, 가장 먼저 해야 할 일은 한 달간의 일정을 확인하는 일이다. 대부분 아이들이 처음 세운 공부 계획을 제대로 지키지 못하는 가장 큰 이유가 시간을 고려하지 않은 채 많은 내용을 넣어 두기 때문이다. 마치 그릇의 크기를 생각하지 않고, 음식물을 잔뜩 넣으려고 하는 것과 같다. 그릇에 담을 수 있는 용량이 넘어가면 음식물은 쏟아지고 만다. 마찬가지로 시간을 고려하지 않고, 해야 할 일들을 무작정 넣어 두는 계획은 결국 시간 부족으로 실패할 수밖에 없다.

그렇다면 어떤 일정을 넣어야 할까? 우선 해당 월에 학교 및 학원 스케줄과 같은 고정된 일정부터 체크한다. 그런 다음 수행평가, 가족 행사 등과 같은 특별한 일정 등을 확인하여 아이가 스스로 한 달 동안 공부할 수 있는 시간을 점검해 보도록 한다. 여기서 말하는 '공부할 수 있는 시간'이란, 학습 가용 시간을 말하는데 학교와 학원 수업을 듣는 시간, 숙제하는 시간 등을 제외하고, 온전히 혼자서 공부하는 시간을 의미한다.

학습 가용 시간을 파악하였다면 이번에는 그에 맞는 월별 목표를 설정할 차례다. 앞서 누누히 말했듯 공부는 항상 방향이 정해져 있어야 한다. 월별로 목표를 세우면 아이는 보다 집중하여 공부를 이끌어 나갈 수 있다. 한 가지 주의해야 할 점은 목표는 실천 가능한 범위 안에서 설정해야 하고 구체적이어야 한다는 것이다. 가령, 아이가 세운 학기 목표가 '수학 90점 이상 받기(평가목표)'와 '수학 문제집 세 권 풀기(행동목표)'라고 치자. 그러면 월별 목표를 세울 때는 학습 가용 시간을 고려하여 전체 목표 중에서 실천 가능한 분량을 먼저 스스로 정하게 해야 한다. 또한 한 달이 지나고 목표가 어느 정도 달성되었는지에 대해 기록할 수 있는 부분을 따로 만들어 놓아야 한다. 만일 목표를 달성하지 못했다면 그 이유를 함께 적어둘 수 있는 부분도 함께 만들어 아이가 자신의 한 달 공부 계획에 대해 스스로 피드백할 수 있도록 이끌어야 한다.

학습 가용 시간을 파악하고 그에 따른 월별 목표를 수립했다면, 마지막으로 구체적인 내용을 기입한다. 그 내용은 과목과 교재, 범위 세 가지다. 어떤 과목을 공부할 것인지 생각한 다음, 교재와 범위까지도 상세하게 설정해야 한다. 가령, '수학 문제집 세 권 풀기'라는 월별 목표를 달성하기 위해 무슨 문제집을 선택할 것인지, 개념 문제를 먼저 풀어 원리를 확실히 이해하고, 그 뒤에 응용 문제를 풀면서 개념을 적용시키는 공부를 하겠다는 식의 구체적인 내용을 쓰게 한다.

다시 한 번 말하지만 아이들의 계획 실천율이 낮아지는 이유는 자신이 해야 할 것을 명확하게 설정하지 않아서 그렇다. 실천을 가능하게 만들려면 목표를 달성해 나가는 과정을 스스로 확인할 수 있게 지도해야 한다.

일주일 계획 세우기

기계는 과제를 성취하기 위해 마감 시간까지 일정한 속도로 목표를 달성해 간다. 반면 인간은 초반에는 낮은 속도로 과제를 하다가 마감 시간에 임박한 시기부터 급격하게 속도를 올리기 시작한다. 미리 준비해야겠다고 다짐하면서도 항상 뒤늦게 일을 시작하는 이유는 마감 시간 안에만 과제를 완성하면 된다고 생각하기 때문이다. 한마디로 양만 생각하는 것이다. 그러다 보니 당연히 질에 문제가 생긴다. 그것이 무슨 일이든 '하는 것'이 중요한 것이 아니라 '잘 하는 것'이 중요하다. 그런데 마감 시간에 임박해 일이 시작되면 일단 일을 끝내는 것에 초점이 맞춰지면서 자연스럽게 질이 낮아질 수밖에 없다. 심지어 양 자체도 부족해진다.

이를 해결할 수 있는 방법은 최종 마감과 더불어 중간 마감을 설정해 두는 것이다. 물론 중간 마감 기간에도 초반보다 후반에 일을 집중해서 하는 상황이 반복될 수 있다. 그렇다 하더라도 최종 마감을 기준으로 보았을 때, 중간 점검은 전체 과정을 조금 더 안정적으로 운용할 수 있도록 도와준다. 한 달 계획에서 목표를 설정해 두었다면 목표를 수행해 가는 중간 마감의 역할을 주간 계획이 하게 되는 것이다.

주간 계획은 한 달 계획을 일주일 단위로 4등분하여 기입한다. 주간 계획을 세울 때는 일주일의 전체 가용 시간을 요일별로 다시 세분화하여 파악한다. 그런 다음 가용 시간에 맞추어 '해야 할 목록'으로 만들고 학습 내용을 상세히 적는 것이 중요하다. 만일 한 달 동안 수학 문제집 한 권을 풀기로 했으면 그것을 4등분 한 뒤, 하루의 분량으로 다시 쪼개어 넣어 두는 것이다. 전체 문제집이 200쪽이라면 일주일에 풀어야 하는 양은 50쪽이고, 그것을 요일별로 다시 나누는 식이다. 자습 시간이 많은 날에는 7~8쪽으로, 자습 시간에 적은 날에는 4~5쪽으로 분량을 정한다. 주간 계획표는 한 주가 시작되기 전에 미리 작성해야 하며, 일요일에는 계획을 넣지 않도록 한다. 예상치 못하게 계획을 수행하지 못하는 날이 생겼을 경우, 이를 보충할 수 있는 시간을 설정해 두어야 한다. 그래야 중간 마감의 역할을 제대로 실행할 수 있기 때문이다.

하루 계획 세우기

주간 계획으로 세워 둔 '해야 할 목록'은 일일 계획을 통해 매일 점검하는 것이 중요하다. 이때 실천 여부를 파악하는 것도 중요하지만 해당 내용을 언제, 어느 정도의 시간을 소요하여 공부했는지에 대해 점검하는 것이 더 중요하다. 컨설팅을 하다 보면 많은 아이들이 자신이 어떤 공부에, 얼마나 시간을 소요하고 있는지 모르는 경우가 많다. 그래서 계획을 수립할 때도 항상 시간적인 부분에서 오류가 발생한다. 아이가 스스로 소요 시간을 점검하는 습관을 가지면, 공부에서 낭비되는 시간을 상당 부분 줄일 수 있게 된다. 공부를 열심히 하는데도 성적이 잘 오르지 않는다고 말하는 아이들의 실제 공부 시간을 확인해 보면, 생각보다 공부량이 적은 경우가 많다. 이는 자신의 체감 공부 시간과 실제 공부 시간에 차이가 있기 때문인데, 공부 시간을 직접 체크하게 되면 자신의 객관적인 공부량에 대해 파악할 수 있는 계기가 될 수 있다.

공부의 패턴을
바꿔야
성적이 오른다

배우기만 하는 것은 공부가 아니다

중학교 3학년인 지호는 오후 3시 10분에 마지막 수업을 마친다. 학교가 끝나면 지호는 서둘러 집에 와서 간식을 먹는다. 오후 5시에 시작하는 수학 학원 과제가 조금 남아 한 시간 정도 과제를 마무리한 뒤 버스를 타고 학원으로 간다. 학원이 끝나고 다시 집에 오면 밤10시, 간단히 늦은 저녁을 먹고 씻고 나니 밤 11시다. 지금부터는 내일 가는 영어 학원 과제를 해야 하는데, 학교 수행평가까지 겹쳤다. 부랴부랴 과제를 하다 보니 새벽 1시 30분. 지호는 눈꺼풀이 점점 무거워지고 꾸벅꾸벅 졸기 시작한다. 급한 대로 일단 마무리를 지어 놓고 새벽 2시쯤 겨우 잠자리에 든다.

다음 날, 지호는 오후 4시 10분에 7교시 수업을 마친다. 청소 당번인 탓에 집에 조금 늦게 도착한다. 지난 새벽에 조금 남겨 놓았던 영어 과제를 마무리하다 보니 학원 수업에 시간이 빠듯해 엄마가 학원 앞까지 데려다준다. 학원이 끝나고 30분 동안 영어단어 시험을 본 뒤 집에 돌아오니 벌써 밤 11시. 간단히 늦은 저녁을 먹고 씻는다. 그리고 내일 가는 수학 학원 과제를 다시 시작한다.

이렇게 하루하루를 바쁘게 보내는 지호의 성적은 왜 좀처럼 오르지 않을까? 컨설팅을 받으러 온 지호 엄마는 도무지 이유를 모르겠다며 답답해했다. 아이가 딱히 머리가 나쁜 것도 아니고, 노력을 안 하는 것도 아니고, 심지어 비싼 학원까지 보내 놨는데도 성적이 그대로인 것이 지호 엄마의 고민이었다.

지호의 성적이 오르지 않는 이유는 단 하나다. '배우기'만 해서다. 배우는 것까지는 아직 공부가 완벽하게 내 것이 된 게 아니다. 이 말은 학원이나 과외를 하지 말자거나 효과가 없다는 이야기가 아니다. 오히려 잘 이용하면 참 유용한 도구다. 사교육은 고려 시대에도, 조선 시대에도, 동양에도, 서양에도 있었다. 공교육만이 전부고 사교육은 사회악으로 치부하는 것이 결코 아니다. 단, 잘 이용해야 약이 된다. 물론 처음 배우는 단계에서는 학원이나 과외가 큰 도움이 될 수 있다. 하지만 지나치게 의존해서는 곤란하다. 공부 역시 과정이 있는데 학원만 의지하다 보면 배우는 데에서 그칠 확률이 높기 때문이다.

그렇다면 실제 아이들이 공부하는 시간은 얼마나 될까? 학교와 학원에서 보내는 시간, 숙제하는 시간, 이동 시간, 밥 먹고 씻고 자는 시간을 모두 제외하고 실제 의자에 앉아서 스스로 공부하는 시간은 생각보다 매우 적다. 시험 기간이 아니면 아예 공부를 안 하는 경우도 많고, 학원만 왔다 갔다 하는 경우가 부지기수다.

사실 초등학교나 중학교에서는 학습량이 그리 많지 않기 때문에 학원을 다니거나 시험 기간에만 열심히 공부해도 성적이 어느 정도 나올 수 있다. 그러나 고등학교에 진학하면 공부할 범위가 급격히 늘어나고, 내용도 어려워져서 스스로 공부할 수 있는 충분한 시간을 확보하지 않으면 좋은 성적을 얻기 힘들다. 즉, 진정한 의미의 공부 시간이 성적을 가르는 핵심 요인이 되는 셈이다.

하루에 공부 시간을 한 시간만 더 확보해도 일주일이면 7시간, 한 달이면 약 30시간, 일 년이면 365시간이 된다. 다른 아이들보다 365시간을 더 공부할 수 있다면, 성적 향상은 더 말해 무엇하겠는가. 지금 아이들이 해야 할 일은 우선 자신만의 공부 시간을 확보하고, 그 시간을 어떻게 보낼 것인지 고민하는 것이다. 시간은 누구에게나 평등하게 주어지지만 주어진 시간을 누가 더 효율적으로 보낼 것인지는 각자의 몫이다.

아이들이 시간을 효율적으로 활용할 수 있는 최선의 방법은 정해진 시간 내에, 정해진 공부를 하면서 자신만의 일정한 패턴을 갖는 것이다. 그날 그날 필요에 따라 움직이면 시간은 시간대로 흐르고 제대로 된 결과물을 얻기도 어렵다. 비용 대비 효과를 높일 수 있는 자신만의 학습 패턴을 설정하는 것이 무엇보다 중요하다는 사실을 잊어선 안 된다.

예습과 복습만 잘 해도 충분하다

학습 직후부터 빠른 속도로 망각이 진행된다는 헤르만 에빙하우스의 망각이론에 대한 이야기를 한 번쯤 들어봤을 것이다. 학습한 직후 20분만 지나도 전체 기억의 약 40퍼센트가 사라지고, 한 시간이 지나면 약 60퍼센트가 사라지며, 하루가 지나면 무려 약 70퍼센트가 사라진다는 내용이다. 그런데 사실 에빙하우스의 망각이론은 엄밀히 말해 망각에 대한 내용이라기보다는 재학습 시간에 대한 내용이다.

　에빙하우스는 인간의 기억에 관해 최초로 실험적인 연구를 했다. 특히 기억의 흔적이 어떤 조건에서 획득되고 또 그것이 얼마나 오래 지속되는지, 망각을 일으키는 원인은 무엇인지에 대한 문제들을 제기했다. 당시 그는 학습 동기가 잘 갖추어진 적당한 피험자를 구하는 일이 어려워 스스로를 피험자로 삼았고, 엄청난 끈기를 가지고 연구를 수행했다. 에빙하우스는 의미 있는 것이 더 잘 기억된다는 사실을 고려하여, 의미의 영향을 받지 않는 순수한 기억을 연구하고자 무의미 철자(예: DAX, BUP, LOC)로 이루어진 목록을 만들었다. 그리고 이 목록을 틀리지 않게 순서대로 기억해 내는 데 소요되는 시간을 측정했다. 그런 다음에는 재학습이 원래 학습보다 얼마나 빨리 이루어졌는지 알아보고자 일정한 파지(정보를 기억 속에 유지하고 있는 것) 기간 후에 앞서 학습했던 목록을 다시 한 번 학습했다. 이를 마치고 나면 단어 목록을 정확하게 기억해 낼 때까지 소요된 시간을 측정했다.

가령, 13개의 무의미한 철자로 구성된 목록을 처음 학습하는 데 1,156초가 소요되고 재학습하는 데 467초가 걸렸다면, 이는 재학습에서 689초(1,156-467)가 절약되었음을 뜻한다. 에빙하우스는 절약의 양을 본래 학습에 대한 백분율로 계산했는데, 앞선 예의 경우 64.3퍼센트가 절약 점수가 된다. 절약 점수는 기억의 지속성, 다른 말로 망각의 크기를 반영하는 측정치로서, 이를 이용한 기억 측정 방법을 '절약법(savings method)'이라고 한다. 그리고 이 내용을 그래프로 만든 것이 바로 그 유명한 '망각곡선'이다.

흔히 망각곡선의 세로축을 망각률이라고 생각하지만, 엄밀히 말하자면 망각률이 아니라 재학습을 통해 '절약된 학습 시간의 절약률'을 나타낸 것이다. 에빙하우스의 망각곡선은 기울기가 하루 안에 가파르게 하강하는데, 이는 빠른 시간 안에 재학습이 이루어질수록 재학습에 소요되는 시간을 더욱 많이 절약할 수 있음을 의미한다. 이 말은 즉, 최초로 학습한 이후 일주일만 지나도 절약률이

20퍼센트밖에 되지 않아 최초 학습 시간의 80퍼센트를 다시 재학습에 소요하게 된다는 뜻이다.

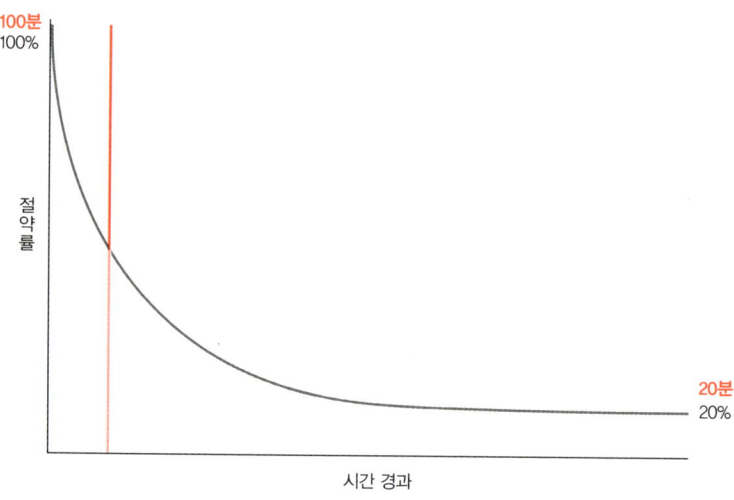

그런데 아이들은 보통 배운 직후에 바로 공부하지 않는다. 대개 시험까지 약 두 달의 시간이 있다고 가정했을 때, 보통 시험 2~3주 전부터 공부를 시작한다. 4주 전에 시작한다고 하는 아이들도 실제 열심히 하는 기간은 2~3주 정도밖에 되지 않는다. 시험 공부를 시작하기 전까지 계속 배우기만 하다가, 그동안 배운 내용에 대한 기억이 최저 상태로 떨어진 후 다시 공부를 시작하는 셈이다. 이미 배운 내용을 또다시 처음 공부할 때의 시간만큼 투자해서 공부해야 하니 당연히 양은 산더미처럼 많아지고, 시간은 부족할 수

밖에 없다. 배우기만 하고 제때 익히지 않는 아이들이 보여 주는 전형적인 모습이 아래와 같은 그래프다.

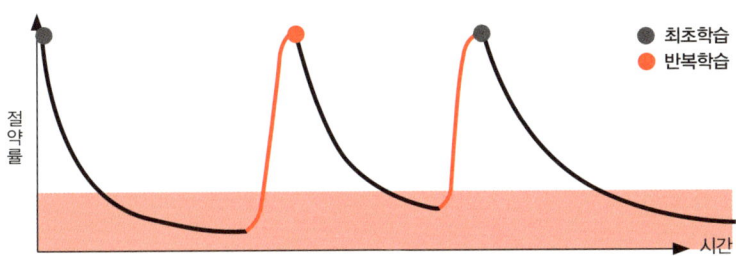

아이들은 시험 준비를 시작하기 전까지는 모든 과목에 걸쳐 배우는 데만 치중하고, 시험 기간이 되어서야 내용을 다시 보게 된다. 분명히 계속해서 공부를 한 것 같은데 막상 시험을 준비할 때가 되면 모든 과목이 다 새롭게 다가오는 것이다. 결과적으로 아이들은 중간고사나 기말고사 준비를 위해 책을 펼친 순간 이미 새롭게 느껴지는 내용과 마주하는 것이다.

공부한 내용을 또 공부하고, 화수분처럼 분량은 점점 늘어가니 공부가 재미없어지는 것이 당연하다. 그렇다면 어떻게 해야 배운 내용을 오래도록 기억할 수 있을까? 다음 그래프에서 가장 중요한 것은 적절한 시점에 하는 반복학습이다. 반복학습을 하면 많은 시간과 노력을 기울이지 않고도 처음 배운 내용을 영구기억으로 유도할 수 있다. 한마디로 학습의 효율을 높이려면 반복학습을 실시하는 주기가 중요하다. 비용 대비 효과의 측면에서, 공부를 효율적으로 만드는 것은 최초학습 이후 적절한 시점에 지속적으로 이루어지는 재학습이다.

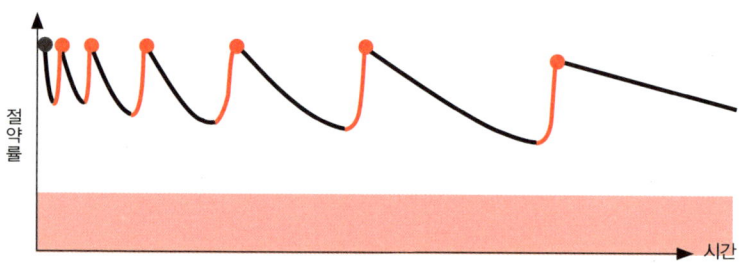

100점만 받는 아이와 80점만 받는 아이

에빙하우스는 재학습 시간에 대한 실험과 함께 과잉학습에 대한 실험을 함께 진행했다. 그는 앞서 말한 무의미한 철자의 목록을 완전하게 두 번 암송한 직후, 서른 번을 더 암송하면 어떤 결과가 발생하는지 관찰했다. 한마디로 과잉학습의 효과에 대해 알아보고자 한 것이다.

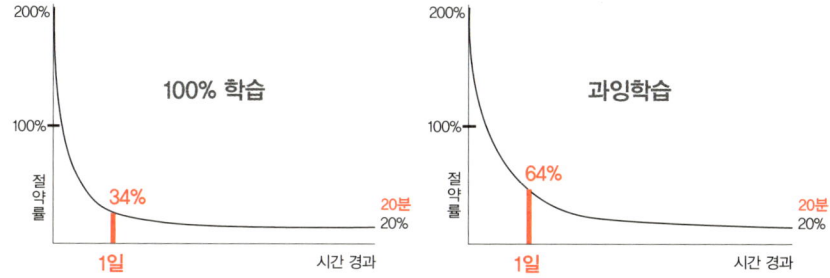

하루가 지난 뒤 재학습 시간을 다시 계산해 보았을 때, 과잉학습을 하지 않은 경우에는 33.8퍼센트의 절약 점수를 얻을 수 있었고, 과잉학습을 한 경우에는 64.1퍼센트의 절약 점수를 얻을 수 있었다. 즉, 추가로 과잉학습을 하게 된 경우에 재학습 시간을 더욱 절약할 수 있다는 의미이다.

물론 더 많은 시간을 투자했으니 당연히 더 결과가 좋지 않겠느냐고 단순하게 생각할 수도 있지만, 이 실험의 결과는 아이들이 공부를 대하는 마음과도 연관되어 있다. 공부를 못하는 아이들이 습관처럼 자주 하는 말이 있다. "이 정도만 공부하면 돼요", "어차피 시험에서 이런 문제는 안 나와요", " 그 부분은 안 봐도 돼요" 등등. 이런 식으로 공부의 한계를 스스로 정해 버린다. 그런데 문제는 아이들이 생각하는 공부의 한계가 항상 부족한 공부를 하게 만든다는 것이다.

● 과잉학습

───────●─100% 학습───────

● 망각

    위 그림처럼 공부의 완성을 의미하는 가상 경계선이 존재한다면, 아이들이 생각하는 공부의 완성은 항상 그 경계선 언저리에 머무른다. 그리고 대다수의 경우 경계선 밑에 자리잡고 있어도 아이들은 공부를 다 했다고 생각한다. 물론 공부한 바로 직후 테스트를 한다면 통과하는 데 큰 문제가 없지만, 실제 테스트는 2주 뒤, 3주 뒤, 혹은 한 달 뒤다. 그때가 되면 지금 공부한 내용은 금세 기억 속에서 사라져 버리고 만다. 공부를 잘하는 아이들이 과잉학습을 하는 이유가 바로 이 때문이다. 상위권을 놓치지 않는 아이들은 막연한 불안감에 혹은 완벽주의 때문에 비효율적으로 공부를 더 많이 하는 것이 아니다. 자신이 공부한 내용을 경계선 저 위에 위치시켜서 시간이 흘러도 그 기억이 온전하게 유지되도록 만드는 것이다.

    100점을 받을 각오로 공부하는 아이는 90점을 받고, 90점 받을 각오로 공부하는 아이는 80점을 받는다. 이 말은 결국 100점을 받는 아이들은 120점, 130점을 받을 각오로 공부한다는 뜻이다. 즉,

아이가 스스로 생각하는 공부의 경계선이 곧 실제 점수라고 보면 된다. 그러므로 상위권이 되길 바란다면 공부의 한계를 한 단계 더 높게 설정하고 필요한 시점을 넘어서까지 훈련하는 과잉학습이 필요하다.

패턴학습법이란?

지금까지 에빙하우스의 기억에 대한 실험을 통해 재학습 시간과 과잉학습의 중요성을 설명했다. 요약하자면 첫째, 최초학습이 이루어진 이후 빠른 시간 안에 지속적으로 재학습이 이뤄져야 한다는 것이고 둘째, 공부할 때는 100이 기준이라면 120~130으로 과잉학습 하는 것이 중요하다는 점이다.

이제부터 제시될 학습 패턴은 이 두 가지 요소를 고려하여 설계되었다. 재학습 시간을 고려하여 적은 시간을 투자하면서도 높은 효과를 거둘 수 있는 공부의 시점을 바탕으로 두었다. 더불어 같은 내용을 여러 번 반복함으로써 공부의 완성도를 높이고자 했다.

아이들은 저마다 다르다. 지능도 다르고, 성격도 다르고, 성향도 다르다. 물론 성적도 다르다. 그러나 스스로 공부할 수 있는 충분한 시간과, 그 시간을 의미 있게 보낼 수 있는 효과적이고 근본적인 방법은 누구에게나 공통적으로 필요한 요소다. 학습 패턴의 수립은 누구에게나 적용될 수 있는 매우 기본적인 학습 기반이라고 볼 수 있다. 방학, 학기 중, 시험 기간 등의 시기에 맞춘 일정한 학습 패턴을 설정한다면 보다 안정적이고 효율적인 학습을 진행할 수 있을 것이다. 또한 예습과 수업, 복습 중심의 단순한 패턴으로 이뤄지기 때문에 초등학교 저학년부터 고등학생까지 누구나 쉽게 따라 할 수 있다.

특히 어릴 때부터 이러한 학습 패턴을 몸에 익혀 둔다면 학년이 올라갈수록 점차 자기주도적이며 깊이 있는 공부를 하는 데 중요한 밑거름이 될 것이다. 방학 학습을 시작으로 주말 예습, 수업, 5분 복습, 당일 복습, 주말 복습으로 이어지는 1~6차 학습 패턴에 대해 지금부터 본격적으로 알아보자.

패턴학습 1차 방학 학습

많은 부모와 아이들이 방학 동안에는 무조건 선행학습을 해야 한다고 생각한다. 하지만 방학 때는 무엇보다 자신의 수준에 따라 복습, 예습, 선행 세 종류의 학습을 선별하여 진행해야 한다. 세 가지 학습을 보다 효율적으로 운영하기 위해서는 각각의 의미를 제대로 이해하는 것이 필요하다.

복습

보통 학기가 끝나고 방학이 되면, 아이들은 예습과 선행에 집중하여 공부한다. 복습을 하라고 시키면 이미 지난 학기에 배운 내용을 뭐하러 다시 하느냐며 반문한다. 복습의 중요성을 잘 모르는 것이다. 복습이 반드시 이루어져야 하는 과목이 있다. 바로 나선형 구조의 과목이다. 나선형 구조라는 것은 쉽게 말해 한 번 배운 내용이 다시 돌아오게 되는 구조라는 뜻이다. 그런데 문제는 그 모습 그대로 다시 돌아오는 것이 아니라 한 단계 어려워진 내용으로 돌아온다. 이러한 경우, 이전 단계에 공부한 내용을 제대로 복습하지 않으면, 다음 단계의 내용을 받아들이기 어렵다. 대표적인 과목이 특히 수학이다. 여러 과목 중에서도 특히 수학은 많은 '수포자'까지 양성하는데, 아이들이 수학을 포기하는 이유는 심화된 내용을 받아들일 수 있는 기반이 부실하기 때문이다. 고등학교 때 수학 성적이 낮은 아이들이 다시 중학교 수학을 공부하는 이유도 바로 여기에 있다.

그러므로 학기가 끝났어도 이전 학기의 내용이 다시 등장하게 되는 과목은 반드시 복습을 통해 내용을 한 번 더 정리해 둘 필요가 있다. 가령, 지난 학기에 풀었던 문제집으로 개념을 확인하며 틀린 문제들을 다시 한 번씩 풀어보는 것도 좋다. 틀린 문제가 많아서 시간이 너무 소요될 것 같은 아이들은 그만큼 더 많은 시간을 투자해야 하는 것이 맞다. 혹은 틀린 문제가 별로 없어서 짧은 시간 안에 다시 볼 수 있는 아이들은 짧은 시간만 투자해도 된다.

만일 아이가 자신의 실력에 맞지 않게 빠른 속도를 내고 있는데도 부모가 이를 바로잡아 주지 않는다면, 그 아이는 반드시 뒤로 돌아오게 되어 있다.

예습

복습이 지난 학기에 대한 학습이라면, 예습은 다음 학기에 대한 학습이다. 방학 중에 이루어져야 하는 예습의 내용은 전적으로 아이가 어려워하는 단원이나 과목에 집중해야 한다. 예습은 배우는 내용이 너무 어려워서 잘하기 위해서 미리 공부하는 것이고, 선행은 배우는 내용이 자신의 수준보다 너무 쉬워서 상위 학년의 내용을 미리 공부하는 것이다.

아이들이 보통 학기 중에 어려운 내용을 접하게 되면, 학교 진도는 계속 나가는데도 정작 자신은 그 내용을 따라가지 못해서 뒤처지는 상황이 발생한다. 학교에서는 시험 직전까지 진도를 나가는 경우가 많기 때문에, 한 번 뒤처지게 되면 시험 범위를 전체적으로 공부하지 못하는 상황이 발생할 수도 있다. 때문에 아이가 유독 어려워하는 단원이나 과목이 있다면 방학 중에 반드시 예습을 통해 미리 공부해 두어야 한다. 그러면 학기 중에 안정적으로 공부하면서 학교 진도를 따라갈 수 있다. 가령, 과학에서도 유난히 화학을 어려워한다면 다음 학기 과학 교과에 나오는 화학 내용을 미리 공부해 두는 것이다. 국어에서도 특히 문법을 어려워하는 아이라면 다음 학기 국어 교과에도 문법이 나오는지 확인하고, 미리 공부해 두면 성적을 올리는 데 큰 도움이 된다.

예습을 시키고자 하는 부모는 아이와 함께 과목별로 다음 학기에 배울 내용을 확인한 후, 교과서를 가볍게 읽어보자. 그리고 이해하기 어려운 부분이 어디인지 파악하여 예습의 범위를 선정해야 한다. 그러고 나면 자습서를 통해 내용을 구체적으로 읽어본다. 이때 자습서를 활용하는 이유는 참고 자료가 풍부하여 내용을 이해하기 조금 더 쉽기 때문이다. 다만 아이가 자습서를 보아도 쉽게 이해하지 못하는 경우에는 학교 수업을 통해 해결할 수 있을 정도로만 공부하고 넘어가도 좋다. 만일 그래도 힘들어 한다면 학원 수업이나 인터넷 강의를 통해 보완하는 것도 방법이다.

선행학습

복습이 지난 학기, 예습이 다음 학기에 대한 학습이라면 선행은 상위 학년에 대한 학습이다. 몇 년 전까지만 해도 한창 선행학습 열풍이 불었던 시기가 있었다. 하지만 요즘은 실제 학생들의 성적을 결정하는 것은 선행학습이 아니라 심화학습에 있다는 인식이 퍼지기 시작하면서, 선행에 대한 관심이 많이 줄어든 것이 사실이다. 물론 선행학습에 대한 부정적 인식이 커진 영향도 있다.

그런데 여기서 선행학습에 대한 한 가지 오해를 풀고자 한다.

애초에 선행학습은 학습에 대한 수학 능력이 뛰어나서 그 이상의 수준을 공부하려는 아이들을 위한 학습이었다. 학습할 수 있는 능력이 있는데도 제자리에 머물러 있다는 것이 오히려 아이의 학습력을 떨어뜨릴 수 있기 때문이다. 그런데 문제는 수학 능력이 뒷받침되지 않은 아이들이 선행학습을 하면서 발생했다. 아이의 실력과 학습 수준에 차이가 생기기 시작한 것이다. 많은 아이들이 자신의 실력보다 수준 높은 공부를 하면서 여러 가지 부작용이 생겨났다. 선행학습은 물론이고, 이 때문에 현행학습마저도 부실해진 결과를 가져온 것이다.

다시 한 번 말하지만, 아이의 수학 능력이 뒷받침된다면 선행학습은 절대적으로 효율적인 학습이다. 그렇다면 아이가 선행을 해도 될지 말지는 어떻게 판단할 수 있을까? 그 기준은 현행학습의 성적이다. 현행학습의 성적은 아이가 현재 받아들이고 있는 수학 능력을 나타내는 지표다. 만일 아이의 현재 성적이 낮다면 지금 공부하는 내용도 쉽게 받아들이지 못한다고 보면 된다. 이런 아이에게 선행학습은 사상누각을 넘어선 공중누각이다. 무언가를 열심히 공부하는 것처럼 보이지만 공중에 지은 집처럼 그 실체가 전혀 없는 것이다. 이런 아이의 경우, 선행보다는 오히려 현행학습을 더욱 탄탄하게 하는 것이 맞다.

선행이 가능한 아이라면, 선행을 시키기 전에 다음과 같은 세 가지 원칙을 명심해야 한다. 첫째, 수업의 기간과 목표를 먼저 설정한다. 항상 수업이 시작하기 전에 해당 수업을 들을 기간을 미리 함께 정하고, 그 기간 안에 달성해야 할 목표를 정해 놓는 것이다. 가령, 영어 인강을 6개월 동안 수강하고 그사이 영어 문법의 기본 개념을 완성한다는 목표를 정했다고 치자. 만일 기간이나 목표 설정 없이 무작정 수업을 듣게 되면, 아이는 점차 타성에 젖은 공부를 하게 된다. 목적을 생각하지 않고 습관적으로 수업을 듣게 된다는 말이다.

둘째, 수업을 들은 후에는 반드시 복습하는 습관을 들여야 한다. 모든 수업은 그 내용을 스스로 정리하지 않는다면 수업 그 이상의 의미를 지니지 못한다. 아이가 수업 내용을 자신의 것으로 만들게 하기 위해서는 학교 수업이든 학원 수업이든 반드시 집에 돌아와서 수업 내용을 복습하게 한다.

셋째, 설정한 기간 동안 수업을 모두 마친 후에는 자체 쪽지 시험을 통해 처음에 정해 놓은 목표를 달성했는지 스스로 확인하게 한다. 시험 결과를 토대로 다음번에 공부할 방향을 다시 정하고, 그에 맞게 수업 기간과 목표를 재설정하는 과정을 거쳐야 한다. 누누이 말하지만 공부는 단순히 하는 것이 중요한 게 아니라, 제대로 하는 것이 중요하기 때문이다. 이때 부모는 아이가 필요한 공부를 제대로 할 수 있도록 스스로 기준을 마련하게 지도해 주는 것이 중요하다. 결국 방학 학습에서의 복습과 예습, 선행은 아이의 수준에 따라 그 비중이 결정되어야 한다. 공부를 잘하는 아이라면 복습과 예습보다는 선행에 조금 더 큰 학습 비중을 두는 것이 맞다. 중간 정도 하는 아이라면 학교 성적이 애매한 경우이기 때문에, 복습과 예습에 조금 더 치중하여 학교 성적을 안정화하는 것이 중요하다. 공부를 잘 못하는 아이라면 선행보다는 복습과 예습을 주로 하여 방학 학습을 진행해야 한다.

패턴학습 2차 주말 예습

컨설팅을 진행하다 보면 많은 아이들이 예습을 부담스러워하고 꺼려한다. 아이들이 예습에 부담을 갖는 이유는 모르는 내용을 혼자 공부하는 것이 어려울 거라는 편견 때문이다. 그러다 보니 아예 예습을 할 엄두조차 내지 못한다. 사실 예습은 100퍼센트 완전하게 공부할 필요도 없고, 그렇게 해서도 안 된다. 내용을 알고 있으면 오히려 수업에 소홀해지는 아이들이 많기 때문이다. 예습을 하면서 아이들이 해야 할 유일한 작업은 자신이 아는 것과 모르는 것을 구별하는 일이다.

사실 예습을 하는 이유는 단 하나다. 오로지 수업을 잘 듣기 위해서다. 다시 말해 아이가 학교에서 수업을 집중하여 듣고 이해하는 능력을 키워 주기 위해 예습을 시키는 것이다. 그렇기 때문에 예습은 모든 내용을 완벽하게 공부하기보다는 기본 개념과 새로 나올 어휘를 간단히 정리하는 수준으로만 진행해도 충분하다. 예습은 아직 학습에 대한 기반이 덜 갖추어져 있는 중하위권 아이들에게 특히 효과적이다. 이 수준의 아이들은 수업 시간에 선생님이 새로 말하는 개념과 어휘를 잘 몰라서 눈뜬 장님처럼 수업을 듣는다. 듣고 있기는 하지만 전혀 이해를 못하는 것이다. 그런데 이런 아이들이 예습을 하게 되면 한 번 미리 보았을 뿐인데, 선생님의 말씀이 훨씬 흥미롭고 쉽게 들린다. 보통 모르는 내용을 처음 듣게 되면, 그 내용 모두가 중요한 것처럼 들린다. 그러나 자신이 아는 것과 모르는 것이 무엇인지 충분히 파악한 후 수업을 듣게 되면 선생님이 말하는 핵심 내용에 조금 더 쉽게 다가갈 수 있다. 또한 필기도 더욱 효율적으로 할 수 있다.

무엇보다 가장 중요한 점은 예습을 하면 아이가 수업에 더욱 집중하기 때문에 자습서에는 나오지 않는 선생님만의 설명을 놓치지 않을 수 있다. 간혹 "선생님이 안 가르쳐 준 걸 시험 문제에 냈다"며 투덜거리는 아이들이 있다. 이것은 실제 안 가르쳐 준 게 아니라 아이들이 수업 시간에 못 들었을 확률이 높다. 교과서나 문제집에 안 나오는 내용이니 당연히 안 가르쳐 줬다고 생각하는 것이다. 특히 교과 공부에서는 선생님의 설명을 놓치게 되면 당연히 100점이라는 점수를 얻기 힘들다. 단, 공부를 잘하는 아이들의 경우는 조금 다르다. 이런 아이들이 예습을 과도하게 하면 본말이 전도되어 수업에 흥미를 잃고 집중하지 못하게 되는 경우도 있다. 아이가 공부를 잘하는 편이라면 특히 예습의 적정 수준을 잘 고려해야 한다. 예습은 오로지 수업을 위한 사전답사가 되어야 하는 것이다. 실제로 예습은 장기기억에 효과적이라는 연구가 있다. 예습을 하고 수업을 들으면 집중력이 높아지고, 뇌 속에서 수업의 내용과 이전에 예습을 통해서 형성해 놓은 지식의 상호작용이 계속해서 이루어지게 된다. 이런 과정을 통해 형성된 지식은 오랜 기간 동안 장기기억에 보존되기 때문에 실제로 시험을 볼 때 유용하다.

주말 예습은 새로운 진도가 나가기 바로 전 주말, 다음 주에 배울 예상 진도 내용을 미리 공부하는 것이다. 방학 예습을 통해 미리 공부해 놓았던 내용이 될 수도 있고, 처음 보는 내용이 될 수도 있다. 보통 일주일 동안 나가는 진도가 생각보다 많지 않기 때문에 한 단원이나 소주제 하나 정도만 예습을 하면 된다. 만일 방학 때 한 번 봐두었던 내용이라면 조금 더 수월하게 내용을 이해할 수 있을 것이다. 이때 부모가 해야 할 일은 아이가 이전에 이해한 내용은 다시 한 번 숙지할 수 있게 돕고, 이해하지 못한 내용은 한 번 더 공부하고 넘어가도록 도와주는 것이다. 그러고도 아이가 이해하지 못하는 내용들이 있다면 반드시 체크해 두고 수업 시간에 확인할 수 있도록 해야 한다. 그렇다면 어떻게 해야 효율적으로 예습할 수 있을까? 민성원 연구소에서 아이들의 예습을 지도하는 방법에는 체계 정리하기, 교과서 읽기, 문제집 풀기가 있다. 구체적인 방법은 다음과 같다.

체계 정리하기

예습을 할 때는 바로 내용으로 들어가기보다 전체적인 체계를 먼저 잡는 것이 내용을 이해하는 데 더욱 효과적이다. 보통 예습이라고 하면 많은 부모와 아이들이 교과서를 먼저 읽는 것을 떠올린다. 하지만 줄글로 구성된 교과서보다는 요점 위주로 정리된 자습서를 통해 전체적인 내용 체계를 먼저 파악하는 것이 좋다. 이때, 해당 단원의 목차를 노트에 적어 보는 것도 예습에 도움이 된다.

컨설팅을 할 때 아이들에게 가장 강조하는 내용 중 하나가 바로 체계 정리다. 최종 목적지를 향해 지도를 보며 길을 떠나는 것과 무작정 길을 떠나는 것은 확연히 다르다. 물론 어떻게든 목적지에 도착은 하겠지만 그 과정에 차이가 있다. 전자의 경우 자신이 어떤 경로를 거쳐서 어떻게 목적지로 가고 있는지 확인할 수 있다. 그러나 후자의 경우에는 일단 목적지를 찾아가는 것 자체에 집중하여 자신이 어떤 경로를 거쳐서 어떻게 가고 있는지 신경 쓸 여유가 없다. 이것을 공부에 적용해 보아도 마찬가지다.

체계를 파악하고 공부하는 아이들은 내용의 논리적인 연결을 생각하면서 훨씬 더 쉽게 내용에 접근할 수 있다. 반면 그렇지 않은 아이들은 일단 내용 자체에 몰두하게 되어 내용간의 논리적인 연결을 파악하지 못하고 이해도 하기 어렵다.

교과서 읽기

체계를 파악했다면 이번에는 본격적으로 교과서를 읽어야 한다. 이때 해야 할 일은 아이가 자신이 이해하지 못하거나 어렵다고 느끼는 내용을 스스로 파악하고 표시하도록 일러주는 것이다. 예습은 수업을 위한 사전답사고 수업을 조금 더 효과적으로 듣기 위해 미리 장치를 마련해 두는 학습 단계다. 이해하기 어려운 내용을 미리 표시해 두면, 아이는 실제 수업 시간에 선생님이 해당 내용을 설명할 때 더욱 집중해서 들을 수 있다. 교과서를 읽으면서 의문스러운 부분이 있다면 함께 표시하게 하자. 그리고 수업 시간에 질문을 통해 문제를 해결할 수 있도록 한다. 예습의 경우, 미리 내용을 보는 것이기 때문에 이해하는 데 다소 어려움을 겪을 수도 있다. 이럴 때는 교과서에 제시된 자료들과 내용을 함께 연결하여 보면 조금 더 쉽게 접근할 수 있다.

문제집 풀기

체계를 확인하고 교과서로 구체적인 내용까지 읽었다면, 해당 단원의 문제를 5~10문항 정도 풀어 본다. 문제풀이를 시키면 예습을 하는데 꼭 문제까지 풀어야 하느냐고 투덜대는 아이들이 많다. 물론 아직 내용도 완벽하게 이해하지 못한 상태에서 문제가 제대로 풀릴 리가 없다. 그러나 예습을 할 때의 문제풀이는 그 목적이 조금 다르다. 문제를 풀면서 확인해야 할 것은 주로 이 단원에서는 어떤 내용을 중요하게 다루고 있는지에 대해 파악하는 것이다. 시험 문제는 핵심 내용에서 출제된다. 때문에 문제를 풀면서 해당 단원에서는 주로 어떤 내용을 다루고 있는지를 생각해 보면, 그것이 결국 핵심 내용인 셈이다. 즉, 예습에서의 문제풀이는 맞고, 틀리는 것이 중요한 게 아니라 미리 핵심 내용에 대한 감을 잡는 수준이면 충분하다.

패턴학습 3차 수업 듣기

아이들에게 공부를 언제부터 시작하느냐고 물으면 대부분이 '집에 돌아가 배운 내용을 복습할 때'부터라고 말한다. 그러나 방학 학습과 주말 예습을 통해 내용을 미리 확인한 아이들에게 수업은 학습의 연장선상이 될 수 있다. 즉, 수업 역시도 공부하는 시간이 될 수 있는 것이다. 보통 아이들은 수업을 제대로 듣지도 않으면서 똑같은 내용을 다시 배우러 학원에 간다. 학교 수업보다 학원 수업이 더 좋다고 느끼기 때문이다. 배우는 것 자체는 공부가 아니라는 점을 생각한다면, 아이들은 하루 중 대부분의 시간을 똑같은 내용을 배우는 데에 허비하고 있는 것이다. "학원에서 어차피 배울 건데, 뭐"라고 생각하는 아이들은 학교에서 영어 시간에 혼자 수학을 공부하고, 수학 시간에 혼자 국어 공부를 한다. 한마디로 수업을 듣지 않는 것이다. 만약 "학교 수업에 집중하기 어려워요", "선생님 수업 내용이 마음에 안 들어요", "학원 수업만 들어도 돼요"라고 말하는 아이라면 수업을 제대로 듣지 않았을 확률이 높다.

그러나 수업이 좋든 싫든 학생은 무조건 정해진 수업 시간을 이수해야 한다. 수업이 듣기 싫다고 해서 그 시간에 다른 의미 있는 활동을 할 수도 없지 않은가. 그럴 바에야 차라리 수업을 자신의 공부 시간으로 만드는 편이 훨씬 현명하다. 학교 수업을 공부의 일환으로 생각한다면 6~7시간의 공부 시간이 더 생기는 셈이다. 자투리 시간 30분, 한 시간을 무리해서 늘리는 것보다 효율적이다.

앞서 말했듯 방학 예습과 주말 예습으로 두 번에 걸쳐 배울 내용을 미리 보아 두었던 아이들에게는 수업 역시 공부의 연장선상이 된다. 수업을 통해 전에 이해했던 내용들을 다시 한 번 공고화하고, 이해가 어려워 따로 표시해 두었던 내용들을 수업에 즉시 해결하기 때문이다. 자신이 어떤 부분을 알고 모르는지 아는 것만으로도 선생님의 설명에 훨씬 집중할 수 있다. 집중할 부분과 그렇지 않은 부분을 구별해 적은 에너지로 최대의 효과를 얻는 것이다. 이런 아이들은 수업 시간에 모르는 내용을 완벽히 이해하여 자신이 목표한 공부를 완성한다. 혹시 수업 시간에도 해결되지 않은 부분이 남았다면, 수업이 끝난 후 바로 질문을 통해 해결한다. 그렇다면 어떻게 해야 수업 시간을 알차게 보낼 수 있을까?

수업 목표 세우기

무엇이든 목표가 있을 때 과정에 조금 더 집중할 수 있다. 공부를 할 때 사람의 두뇌는 사고하기 위해 적극적으로 활동한다. 그러나 많은 아이들은 수업을 들을 때 두뇌보다는 손과 귀를 더 자주 쓴다. 수업 내용에 대해 고민하기보다는 선생님의 설명을 듣고 적어 두는 것에만 집중하기 때문이다. 심지어 그마저도 하지 않고 딴짓을 하는 아이들도 많다. 앞서 말했듯 수업 시간을 공부 시간으로 만들면 다른 아이들보다 공부 시간을 획기적으로 늘릴 수 있다.

그러므로 수업 시간에는 그저 듣고 기록만 하는 것이 아니라 조금 더 능동적으로 수업에 참여해야 한다. 가장 좋은 방법은 역시 수업 시간 안에 해결할 자신만의 목표를 정하는 것이다. 수업 시간 안에 핵심 단어 10개를 바로 암기한다거나 혹은 이해가 안 되는 부분을 모두 해결한다거나, 한 수업 시간에 하나 이상의 질문을 한다거나 하는 식으로 말이다. 별 게 아닌 것 같아도 이렇게 목표를 정하면 수업 시간에 더욱 효과적으로 집중할 수 있다.

수업 일지 작성하기

선생님만이 아니라 아이들도 수업 일지를 작성할 수 있다. 수업이 끝난 후 수업 일자의 수업 범위를 간략하게 기록하고, 선생님이 수업 시간에 따로 언급한 준비물이나 과제, 수행평가 등에 대한 이야기들을 함께 기록해 둔다.

과목 선생님들은 보통 수업에 들어오면 "지난 시간에 어디까지 했었지?"라는 말을 가장 많이 한다. 이때 아이들의 반응을 살펴보면 그 아이의 성적을 대략 짐작할 수 있다. 공부를 잘하는 아이들은 질문에 바로 대답하고, 나머지 아이들은 몰라서 서로에게 묻는다. 이는 공부를 잘하는 아이들은 수업이 어떻게 진행되고 있는지에 대해 정확하게 파악하고 있다는 사실을 의미한다. 지난 시간에 배운 내용은 무엇이고, 이번 시간에 배울 내용은 무엇인지에 대해 잘 알고 있으니 수업을 더 잘 듣게 될 수밖에 없다.

패턴학습 4차 5분 복습

한 번은 초등학교 6학년인 지용이의 컨설팅을 진행한 적이 있다. 지용이는 엄마 손에 억지로 끌려왔는지 문을 열고 들어올 때부터 표정이 영 좋지 않았다. 말도 거의 없었고, 묻는 말에 대답도 시원찮았다. 지용이는 반에서 26명 중 21등이었고 학습 의욕이 전혀 없었다. 공부가 하기 싫다고 말하는 아이에게 과제를 내봤자 결과는 뻔했다. 나는 한 가지 묘안이 떠오른 것처럼 지용이에게 말했다.

"숙제는 없어. 대신 수업이 끝난 직후에 그날 들은 수업 내용에 대해서 간단하게 기록해서 나에게 줘. 대단한 내용을 써달라는 게 아니야. 단원 맨 앞 장에 나와 있는 학습 목표랑 네가 수업 시간에 가장 많이 들은 단어들 위주로 몇 개만 적어서 나에게 줘."

지용이는 뭐 그 정도는 해줄 수 있다는 식으로 대답하고는 집으로 돌아갔다.

이후 나는 지용이에게 절대로 숙제를 내지 않았다. 철저히 수업 직후 5분간 적은 내용만을 확인했고, 오로지 그 내용에 대해서만 이야기했다. 지용이 엄마는 연신 걱정했다. 이 정도로 뭐가 되겠느냐고 불안해했지만 나는 확신했다. 지용이는 수업 직후 간략한 내용이지만 그것을 적기 위해 수업에 조금 더 집중했을 것이고, 내용을 적으며 수업 시간을 한 번 더 떠올릴 것이라고 말이다.

다음 기말고사 때 지용이는 철저히 5분 복습만으로 반에서 13등을 했다. 객관적으로 여전히 높은 등수는 아니었지만, 성적표를 들고 온 지용이의 태도는 조금 달랐다. 묻지도 않았는데 먼저 공부를 더 해보고 싶다고 말했다. 예전에는 수업에 전혀 집중하지 못했는데 지금은 수업 내용이 조금씩 들린다고 말했다. 그때부터 본격적인 컨설팅이 시작되었다. 현재 중학교에 진학한 지용이는 전교 10~15등 석차를 꾸준히 유지하고 있다.

수업이 끝나면 아이들은 바로 책을 덮고 친구들과 떠들거나 매점에 가거나 화장실에 다녀오기도 한다. 그런데 쉬는 시간 5분을 투자해서 40~50분을 공부한 효과를 낼 수 있는 방법이 있다. 바로 5분 복습이다. 5분 복습은 수업이 끝난 직후, 방금 들은 수업 내용을 곧바로 복습하는 것이다. 어떻게 40~50분의 수업 내용을 5분 안에 다시 복습할 수 있을까?

앞서 나는 최초학습 이후 재학습이 빨리 이루어질수록 학습 시간은 획기적으로 줄어든다는 이야기를 했다. 수업 직후라면 방금 들은 수업 내용을 5분 안에 충분히 복습할 수 있다. 물론 5분 복습의 목표는 사라져 가는 기억을 되살리는 데 일차적인 의미를 지닌다. 그러나 더 나아가 실질적으로는 방금 들은 수업 내용을 다시 한 번 스스로 정리해 보면서 수업 내용의 전체적인 체계를 잡고 핵심을 찾아내는 능력을 기르는 것에 있다.

5분 복습 하는 방법

5분 복습의 전제는 수업이다. 수업을 성실하게 들어야만 배운 내용을 다시 한 번 복습할 수 있기 때문이다. 5분 복습의 방법은 다음과 같다.

5분 복습 (예시)

날짜:

1	과목명	국어
	학습 목표	시의 운율에 대해 알아보자
	주요 내용	작품: 오우가(연시조, 고시조) 운율: 4음보, 3(4) · 4조 ⟶ 외형률 기타 강조 사항: 시조의 특성, 상징적 의미 등

가장 먼저 확인해야 할 것은 단원의 학습 목표다. 학습 목표로 먼저 학습의 방향을 인지한 뒤, 그 방향에서 내용을 이해하는 것이 중요하다. 그런 다음 주요 내용은 수업 시간에 핵심적으로 다루었던 내용들을 중심으로 정리한다. 학습 목표와 직접적인 연관은 없지만 선생님이 수업 시간에 강조한 내용들은 따로 정리해 두어야 한다. 5분 복습은 그날 들은 모든 수업에 대해 이루어지는 것이 좋다. 주요 과목은 물론이고 특히 기타 과목을 잘 활용해야 한다. 도덕, 한문, 기술가정과 같은 기타 과목들은 시험에 임박해서야 들여다보는 경우가 많기 때문에 평소 5분씩만 투자해도 실제 공부를 시작할 때 큰 도움이 된다. 수업 시작 전에는 항상 지난 시간에 기록해 두었던 내용을 미리 확인하면서 수업의 흐름을 파악할 수 있어야 한다. 수업 일지와 5분 복습을 함께 기록해도 좋다.

지용이의 사례처럼, 5분 복습은 학습 의지가 없거나 학습을 꺼려하는 아이들 역시 부담 없이 시작할 수 있는 공부법이다. 매우 간단한 방법이라 그 실효성에 의심을 품을 수도 있지만 효과는 분명히 나타난다. 실제로 민성원 연구소에서도 처음 공부를 시작한 중하위권 아이들이 5분 복습을 통해 성적을 끌어올린 사례가 많다. 특히 집에서 직접 아이의 복습 내용을 지도할 수 있어, 부모들에게 인기가 많은 공부법이기도 하다.

패턴학습 5차 당일 복습

수능이 끝난 뒤 만점자들을 인터뷰한 기사들을 보면 항상 빠지지 않고 등장하는 말이 있다.

"그날 배운 내용은 그날 바로 복습했어요."

어떤 만점자는 시험 공부는 시험 기간에만 하는 것이 더 효율적이지 않느냐는 물음에 오히려 매일 공부하는 것이 전체적인 공부 시간을 계산했을 때 더 효율적이라고 답했다.

실제로 아이들에게 당일 복습에 대해 이야기하면 일단 불평부터 쏟아낸다. 당일 복습이 중요한 것은 알지만 복습까지 할 시간이 거의 없다고 말이다. 학원 수업과 과제만으로도 하루가 모자라는데 어떻게 그날 배운 내용을 모두 복습하느냐고 따지는 아이도 있다. 그러나 앞서 말한 1~4차 학습을 한 아이라면 당일 복습은 충분히 가능하다. 방학 학습(1차)을 통해 취약한 과목을 미리 공부해두고, 주말 예습(2차)을 통해 다음 주에 나갈 진도를 미리 확인한다. 수업(3차)을 들으며 부족했던 내용을 이해하고, 5분 복습(4차)을 통해 핵심 내용을 한 번 더 정리했으니, 당일 복습은 한 과목당 15~20분이면 충분히 가능하다. 하루에 나가는 진도가 생각보다 많지 않기 때문에 하루 1시간~1시간 30분만 투자해도 그날 배운 주요 과목을 바로 복습할 수 있다.

간혹 정말 시간이 부족한 아이들이 있다. 이 경우에는 월요일에 국어, 화요일에 영어, 수요일에 수학 등 요일별로 하루에 한 과목을 지정하고 일주일 분량의 복습을 한 번에 진행해도 좋다. 일주일이라 하더라도 소단원 하나의 진도가 나가기 때문에 약 30분~1시간이면 충분히 복습이 가능하다.

당일 복습을 하는 방법은 다음과 같다.

5분 복습 내용 확인하기

당일 복습을 진행하기 전에 먼저 오늘 하루 정리한 5분 복습 내용을 미리 보는 것이 좋다. 그런 다음 본격적으로 공부에 들어가기 전에 수업 시간에 다루었던 전체적인 내용의 체계와 핵심을 확인한다면 훨씬 효과적이다.

단권화하기

단권화는 자신이 최종적으로 공부해야 할 교재 한 권을 만들어 둔다는 의미다. 특히 다양한 과목을 배우는 중학교 때부터는 시험이 가까워 오면 교과서를 비롯해 여러 권의 교재를 일일이 살펴볼 시간이 없다. 그렇기 때문에 평소에 모든 내용이 집약되어 있는 나만의 교재를 만드는 작업이 더욱 필요하다. 사실 이 방법은 두꺼운 책들을 여러 권 공부해야 하는 고시생들이 주로 썼지만, 요즘 아이들은 한 과목에도 여러 권의 교재를 활용하기 때문에 단권화 작업이 필요하다.

뿐만 아니라 한 과목당 여러 권의 교재를 두고 공부하면 내용이 흩어져 있어 체계적으로 정리하기가 어렵다. 여러 권을 쓰기보다는 주로 공부할 교재 한 권을 선정하여, 그 한 권에 자신이 공부해야 하는 모든 내용을 집약하고 조직화하며 학습하는 것이 효율적이다. 어려운 부분이나 시험 전에 한 번 더 확인해야 하는 부분은 따로 표시해 두고 마지막 학습 시 해당 부분들만 빠르게 정리한다면 더욱 효과적이다. 단권화할 교재로 활용하기에 가장 적합한 교재는 자습서다. 교과서 내용과 관련하여 이해를 도울 수 있는 참고 자료가 풍부하게 제공되기 때문이다.

단권화의 가장 중요한 핵심은 수업 시간에 했던 필기를 자신이 주로 공부할 교재에 옮겨 적는 것이다. 주의할 점은 내용을 천천히 읽고 옮겨 적으면서 수업 시간을 다시 떠올려야 한다. 특히 당일 수업한 내용을 그날 다시 공부한다면 수업의 내용이 더욱 생생하게 떠오를 것이다. 이러한 방법으로 복습하면 짧은 시간 동안 혼자서 한 번 더 수업을 경험하는 효과를 얻을 수 있다. 단권화 작업을 할 때는 수업 시간에 적은 필기 내용뿐만 아니라 다른 교재를 통해 새로 알게 된 내용도 함께 적어 둔다. 이때 필기의 출처에 따라 다른 색의 펜을 사용하면 공부의 효율이 훨씬 높아진다.

암기하기

흔히 아이들에게 복습을 시키면 내용만 이해하고 암기는 하지 않는 경우가 많다. 왜 암기를 하지 않느냐고 물으면, "지금 외워 봤자 나중에 다 까먹을텐데 뭐하러 외워요"라고 대답한다. 몰라도 한참 모르는 소리다. 사실 시험은 이해를 못해서 망치는 것보다 이해한 내용을 암기하지 못해서 망치는 경우가 더 많다.

그렇다면 아이들은 왜 암기를 하지 않는 걸까? 배운 내용을 암기하지 않는 진짜 이유는 학습에 암기가 포함되면 어렵고 귀찮아지기 때문이다. 사실 가장 편한 공부는 이해만 하는 것이다. 내용을 읽어 보고 이해만 가면 공부가 끝나기 때문이다. 하지만 공부할 때마다 암기가 병행되어야 시험 기간에 가서 방대한 양을 외워야 하는 상황을 미연에 방지할 수 있다. 그러므로 당일 복습 시에는 중요한 개념을 바로 암기한다는 생각으로 공부해야 한다. 암기는 시험 기간에만 하는 것이 아니라 공부의 과정에 항상 포함되어 있다는 것을 명심하자.

테스트하기

공부는 자신과의 대화다. 스스로 내용을 제대로 공부했는지 끊임없이 확인해야 한다는 말이다. 흔히 아이들은 교과서나 자습서를 읽을 때는 마치 모든 내용을 다 이해했다고 생각한다. 그러나 막상 책을 덮은 다음 다시 내용을 질문하면, 많은 아이들이 선뜻 대답하지 못한다. 실제로는 잘 모르면서 안다고 착각하는 것이다.

공부가 끝난 시점에는 반드시 공부한 내용에 대해 테스트를 해

보아야 한다. 아이에게 해당 내용을 스스로 설명해 보라고 하면 아마 대부분이 "알긴 아는데 설명을 못하겠어요"라고 말할 것이다. 이럴 때는 단호하게 "설명하지 못하는 건 네가 모르기 때문이야"라고 말해 주어야 한다. 설명을 하지 못하는 지식은 아직 자신의 지식이 아니라는 점을 아이에게 확실히 일러 주어야 제대로 공부할 수 있다. 만일 내용을 완전히 이해하여 설명할 수 있어도, 문제풀이를 통해 방금 공부한 내용 중에서 잘못 이해했거나 빠뜨린 부분은 없는지 반드시 확인하고 넘어간다.

숙제 활용하기

일반적으로 부모들은 집에서 아이가 숙제를 하고 있으면 흐뭇한 표정으로 바라본다. 아이가 공부하는 데 숙제가 큰 도움이 될 거라고 믿기 때문이다. 하지만 정말 모든 숙제가 아이들 공부에 도움이 될까? 언뜻 보면 숙제를 하는 것이 강제적으로라도 복습을 시키는 효과가 있으며, 스스로 문제를 해결하는 능력을 길러주는 것처럼 보인다. 하지만 과도한 숙제는 그저 남의 것을 베껴 내는 데 급급하게 만들고, 너무 쉬운 숙제는 시간만 낭비할 뿐 스스로 익히고 연습하는 시간을 빼앗는 결과를 낳을 수도 있다. 내게 부족한 부분을 찾아내서 보충해야 하는데, 의무적으로 숙제를 하는 것은 형식적인 공부가 되기 때문이다. 가장 좋은 숙제는 오늘 배운 내용 중에 핵심이 무엇인지, 그중에서도 반드시 외우고 넘어가야 할 부분이 무엇인지를 아이가 스스로 확인하게 만드는 것이다. 숙제를 복습으로 활용하는 것 또한 좋은 방법인데, 이때는 해당 내용을 모두 이해하고 제대로 외웠는지를 중점적으로 점검해야 한다.

암기가 안 될 때는 우뇌를 사용하자

사람의 두뇌에서 좌뇌는 읽기, 말하기, 쓰기 등 언어와 관련된 영역을 관장하고, 우뇌는 그림이나 형상, 음악 등 예술적인 영역을 관장한다. 물론 종종 우뇌가 언어를 관장하는 경우도 있지만 대체로 좌뇌가 언어를 관장한다. 지금까지는 우뇌의 작용을 알지 못하고 좌뇌만을 사용한 학습법이 주류를 이루었다. 우뇌의 중요한 작용을 무시한 학습법들은 결국 큰 효과를 거두지 못했다.

우뇌에는 좌뇌에 없는 공진공명 기능, 이미지화 기능, 고속 대량기억 기능, 고속 자동처리 기능과 같이 네 가지 특별한 기능이 있다. 사람의 뇌는 모든 물질이 발산하는 파동과 공진하여 그것을 이미지화해서 볼 수 있는 힘을 가졌는데, 이것이 바로 공진공명과 이미지화 기능이다. 우뇌는 한 번 눈으로 본 것을 사진으로 찍어내듯 기억하는데, 이를 '사진기억'이라고 부른다. 세계적인 지휘자 루빈스타인이나 토스카니니 같은 사람들은 악보를 한 번 보면 그 내용이 그대로 머릿속에 들어온다고 한다. 그래서 지휘하는 동안 악보를 잘 보지 않는다. 이처럼 우뇌는 사진처럼 찍어내는 능력이 있기 때문에 그 능력을 활용하면 학습이 아주 쉬워진다.

우뇌는 단순히 정보를 기억할 뿐만 아니라 정보를 자발적으로 조작하는 능력을 가졌는데, 이것을 우뇌의 '고속 자동처리 기능'이라고 부른다. 또한 우뇌의 기억 용량은 좌뇌보다 최소 열 배는 더 크다. 따라서 우뇌는 대량의 정보를 처리하는 데 적합하다. 이러한 특성 때문에 우뇌 학습법은 '전체에서 부분으로'라는 방법을 채택하는데, 이때 기억과 이해를 요구하지 않는다.

또 한 가지, 좌뇌는 종종 '우위뇌'라고도 불리는데 이는 항상 좌뇌가 우뇌보다 우선적으로 작용하기 때문이다. 좌뇌가 작용하고 있을 때는 우뇌가 움직일 수 없다. 즉, 우뇌의 사용법을 모르는 사람은 언제나 좌뇌만을 쓰기 때문에 뛰어난 성과를 내지 못하는 것이다. 우뇌를 사용하기 위해서는 좌뇌를 사용하지 않는 것이 중요하다. 그렇다고 우뇌만으로 충분하다는 것은 아니다. 동시에 좌뇌도 사용해서 우뇌와 좌뇌의 작용을 연동시켜야 한다. 좌뇌 학습은 지식량을 늘리기 위한 학습 방식이다. 앞서 말했듯 이제까지 학습 방식은 좌뇌에 지식을 주입하고, 주입된 지식으로 두뇌 능력을 키워 간다는 방식이었다. 하지만 우뇌 학습은 좌뇌 학습과는 원리와 기법이 전혀 다르다. 우뇌 학습은 이미지 트레이닝을 함으로써 우뇌의 기억사고력을 기른다. 좌뇌에 작용하는 기억이나 사고와 우뇌에 작용하는 기억이나 사고는 종류가 전혀 다르다. 좌뇌의 기억은 주로 말에 의해서 이루어진 기억이다. 때문에 질이 나빠서 마치 잊어버리는 것을 전문으로 하고 있는 듯한 기억이다. 반면 우뇌의 기억은 한 번 보고 들은 것을 완전히 기억하여 절대 잊어버리지 않는, 매우 뛰어난 기억이다.

좌뇌의 기억력을 아무리 단련하더라도, 또 아무리 좌뇌에 사고 훈련을 하더라도 우뇌의 일을 모르면 창조성으로 이어지지 않는다. 따라서 공부를 할 때도 우뇌의 이미지력을 키우는 것이 매우 중요하다. 뛰어난 예술가나 건축설계사, 일류 과학자를 기르기 위해서 우뇌의 이미지력을 조건으로 내세우는 곳도 있다. 이미지가 창조성과 결부되어 있기 때문이다.

우뇌를 이용한 학습법은 아주 간단하다. 학습 내용을 단지 문장으로만 이해하려고 하지 말고 내용을 읽으면서 머릿속으로 그림을 그리거나 영화를 한 편 만들어 기억하면 된다. 가령, 국사를 공부한다고 하자. 국사 교과서를 눈이나 입으로 읽는 것에만 그치지 않고, 신라와 고구려가 전투하는 장면을 머릿속에 그려 보며 읽어 나가는 것이다. 마찬가지로 화학을 공부할 때는 분자 구조의 그림을 보면서 이와 비슷한 모양의 사물을 떠올린다든가, 사회를 공부할 때는 지도를 그리면서 하는 것이 훨씬 오래 기억에 남는다.

패턴학습 6차 주말 복습

공부는 앞으로 가면서도 끊임없이 뒤를 돌아보고 있어야 한다. 즉,

아이가 스스로 자신이 공부한 내용을 최종 목적지까지 잘 이끌어 나갈 수 있도록 옆에서 계속해서 신경 써주어야 한다는 의미다. 컨설팅을 진행할 때 아이들에게 자주 하는 소리가 있다. 한 번 공부한 내용이 머릿속에서 쉽게 빠져나가게 두지 말라는 말이다. 이것을 가능하게 하려면 머릿속에 있는 내용들을 지속적으로 잘 관리하고 있어야 한다. 당일 복습으로 공부한 내용은 거기서 그치는 것이 아니라, 주말에 반복학습을 통해 다시 한 번 점검해야 한다.

주말 복습은 어떻게?

주말 복습은 주중에 진도 나간 부분에 대한 누적 복습이다. 주말 복습이 필요한 이유는 주중에 공부했지만 시간이 지나 잊혀진 내용을 되살리고, 이해가 어려웠지만 시간상 깊게 공부하지 못한 부분을 추가로 공부하기 위해서다. 이때는 이미 배운 내용을 깊이 있게 다시 이해하고, 전체 내용을 누적 암기해야 한다. 물론 잊어버린 내용은 조금 더 집중해서 외운다. 당일 복습을 할 때 만든 단권화 교재를 정독하고, 이전에 풀었던 문제들 중에서 틀린 문제를 다시 풀어 본다. 정리가 모두 끝나면 다른 문제집을 통해 공부한 내용을 한 번 더 평가해 본다. 물론 여기에서 틀린 문제가 나온다면, 다시 한 번 추가 학습을 해야 한다.

토요일에 주말 복습을 했다면 일요일에는 다시 주말 예습으로 돌아가면 된다. 이렇게 총 6차 패턴학습 중에서 방학 학습을 제외한 나머지 5차 패턴학습이 일주일 단위로 반복되어 이루어져야 한다. 이를 요일별로 정리하면 아래 표와 같다.

MON	TUE	WED	THU	FRI	SAT	SUN
수업	수업	수업	수업	수업	주말 복습	주말 예습
5분 복습	5분 복습	5분 복습	5분 복습	5분 복습		
당일 복습	당일 복습	당일 복습	당일 복습	당일 복습		

이처럼 패턴학습은 같은 내용에 대한 공부가 무려 여섯 번에 걸쳐 이루어진다. 적절한 시기에 반복해서 복습하기 때문에 많은 시간을 투자하지 않아도 효과적인 공부가 가능하다.

본격적인 입시공부가 시작되면 아이들은 저마다의 공부법으로 치열하게 경쟁한다. 이때 모든 아이들에게 평등하게 주어지는 것은 오로지 시간뿐이다. 그리고 이 소중한 시간을 아이가 그냥 흘려 보내지 않고 효율적으로 공부하도록 돕는 것이 바로 부모의 역할이다. 아이가 당장 무엇을 어떻게 공부해야 할지 모르고 있다면, 지금부터라도 이 6차 패턴학습을 따라 해보기를 권한다. 간단한 패턴에 맞춰 움직이기만 해도 반드시 성적 향상이 이루어질 것이다.

공부, 원리만 알면 상위 1퍼센트도 가능하다

다양한 공부법도 결국 원리는 하나

원리란 사물의 근본이 되는 이치다. 무슨 일이든 원리를 알고 실행하는 것과 그렇지 않은 것은 큰 차이를 만든다. 공부도 마찬가지다. 공부를 그저 열심히 하는 것과 공부의 원리를 알고 열심히 하는 것은 확연히 다르다. 열심히 하는데도 성적이 나오지 않는다고 불평하는 아이들은 공부의 원리를 파악하지 않고 무작정 공부하고 있을 가능성이 크다. 골프의 원리를 전혀 모른 채 하루에 천 번씩 스윙 연습을 한다고 해서 절대 골프 실력이 나아지지 않는다. 이럴 때는 골프의 원리를 정확히 숙지한 후 백 번 연습을 하는 것이 훨씬 효율적이다. 노력은 적게 들고 효과는 높아지는 지름길인 셈이다. 이번에는 아이의 공부력을 획기적으로 높일 수 있는 학습 원리에 대해 이야기해 보자.

공부원리 1단계 교과서 읽고 이해하기

"건조한 지역의 특징이 뭐지?"
"지하에 관개수로를 건설해요."
"관개수로가 뭔데?"
"음… 글쎄요."

아이들과 이야기하다 보면 흔히 벌어지는 광경이다. 자신이 답한 내용이 무슨 의미인지 정확하게 알지 못한 채 그저 앵무새처럼 정해진 물음에 정해진 답만 하는 것이다. 그러다 보니 같은 문제에서 표현만 조금 다르게 바꾸어도 아이들은 쉽게 당황한다. 표현을 살짝 달리 했을 뿐인데도 선생님이 가르쳐 주지 않은 것을 문제로 냈다며 불평하기도 한다.

이해는 곧 줄기다. 내용을 정확하게 이해한다는 것은 줄기를 튼실하게 만드는 일이며, 줄기가 튼실하면 이파리 역시 튼실할 수밖에 없다. 그런데 내용을 깊이 있게 이해하지 않은 채 암기와 문제풀이에 집중하면 말라가는 줄기에 억지로 붙여 놓은 이파리 꼴이 되는 것이다.

흔히 부모들이 착각하는 것 중에 하나가 공부를 잘하는 아이들은 문제집을 많이 풀거라고 생각한다는 점이다. 그래서 아이에게 여러 권의 문제집을 사주고, 풀지 않으면 공부를 하지 않는다고 다그친다. 그런데 곰곰이 생각해 보면 시험에서 어떤 문제가 나올지도 모르는 상황에서, 문제집으로 공부를 한다는 것 자체가 말이 안 된다. 문제집에서 풀었던 문제들이 시험에 안 나오면 공부가 물거품이 되기 때문이다. 물론 문제집을 풀면서 그 안에 담긴 내용을 공부할 수는 있다. 하지만 반대로 문제집에서 다루지 않은 내용이 시험에 나올 수도 있다. 즉, 내용을 확실하게 이해하면서 공부하면 어떤 문제가 나오든 공부한 내용을 응용해서 풀 수 있다는 말이다. 다시 한 번 말하지만 공부의 시작은 이해다. 일단 이해가 되어야 배운 것을 정리하고, 암기해서, 문제에 적용할 수 있다.

교과서 독해법

공부를 못하는 아이들은 공부의 첫 단계인 독해에서부터 문제가 발생하는 경우가 많다. 애초에 주어진 글을 불완전하게 읽다 보니 이해를 하지 못하고, 이해를 못하니 당연히 공부가 어려워질 수밖에 없다. 아이의 독해력을 위해 가장 신경 써야 하는 부분은 바로 어휘다. 아이들은 대략적인 문맥 파악을 하면 그 뜻을 정확하게 알지 못해도 그냥 넘어가는 경향이 있다. 특히 어휘가 국어 단어이기 때문에 더욱 안일하게 생각한다. 그러나 어휘의 의미를 정확하게 파악하지 않으면 내용을 제대로 이해할 수 없을 뿐더러, 심한 경우 오해까지 불러일으킬 수 있다. 가령, '지양'과 '지향'의 뜻을 구별하지 못한다면 엄청난 해석의 차이를 만들게 되는 것이다.

그러므로 초등학교 때부터 독서를 하다가 조금이라도 헷갈리는 단어가 나오면 반드시 뜻을 찾아 정리해 두는 습관을 길러야 한다. 단어를 정리할 때는 반드시 예문을 함께 확인하여 해당 단어가 사용되는 문맥을 파악하는 것이 중요하다. 국어 과목이 아니더라도 모든 과목이 줄글로 되어 있다는 사실을 고려한다면, 독해력은 공부의 기본 능력이라고 봐도 무방하다. 중고등학생의 경우, 독해 훈련이 처음인 아이들은 교과서를 공부하기 전에 국어의 비문학 지문으로 연습을 시작하는 것이 좋다. 비문학 지문은 애초에 아이들이 지문을 분석하고 문제를 풀 수 있도록 체계적으로 정리되어 나오기 때문에 지문 분석 훈련을 하기에 좋다.

컨설팅을 하는 아이들에게 지문을 읽고 문제를 풀어 보라고 하면 보이는 전형적인 모습이 있다. 일단 별다른 분석 없이 마치 소설책을 읽듯 지문을 읽어 내려간다. 그리고 문제를 풀 때 다시 지문을 읽는다. 머릿속에 지문의 체계나 내용이 정리되지 않은 것이다. 이처럼 글을 여러 번 다시 읽어야만 한다면 제대로 독해하지 못했다는 뜻이다. 진정한 독해란, 글을 읽어 내려가는 그 시점부터 글에 대한 분석이 함께 진행되어야 한다. 눈으로 글을 읽는 것이 아니라 머리로 글을 읽어야 한다는 말이다. 그렇다면 지문 분석 훈련은 구체적으로 어떻게 해야 할까? 민성원 연구소에서 제시하는 지문 분석 방법은 다음과 같다.

2016학년도 고1 6월 전국연합 학력평가
국어 16~19번 문항 지문

[1] 다음 상황을 생각해 보자. A가 등교를 하고 있는데 다리가 불편한 할머니가 횡단보도 건너는 것을 도와 달라고 하였다. 지금 학교에 가지 않으면 지각을 하여 벌점을 받게 된다. A는 할머니를 도와야 할까, 아니면 학교에 가야 할까? 이런 상황을 도덕적 딜레마라 한다. 이런 상황에서 개인 행위의 옳고 그름을 판단하는 기준이 필요하다. 이러한 기준을 우리는 크게 두 가지 관점에서 제시할 수 있다. 하나는 의무론적 관점이고 다른 하나는 목적론적 관점이다.

[2] 의무론적 관점은 행위에 대한 도덕적 판단이 도덕 법칙에 따라 이루어져야 한다고 보았다. 이 관점은 도덕 법칙을 지키려는 의지를 의무로 보았으며 결과와 무관하게 행위 자체의 옳고 그름에 주목하였다. 도덕 법칙은 언제나 타당하고 보편적인 것이기에 '왜'라는 질문은 성립하지 않는다. 따라서 좋지 않은 결과를 초래하더라도 도덕 법칙은 지켜야 한다. 이런 의무에서 의무론적 관점을 법칙론이라고도 한다.

[3] 그러나 의무론적 관점에는 한계가 있다. 두 개의 옳은 도덕 법칙이 충돌할 때 의무론적 관점에 따르면 결정을 내릴 수 없다. 예를 들어 1번 철로에는 3명의 인부가, 2번 철로에는 5명의 인부가 일을 하고 있을 때 브레이크가 고장 난 기차의 기관사는 어떤 길을 선택해야

할까? 의무론적 관점은 이 상황에서 어떤 철로를 선택해야 할지 결정을 내릴 수 없다.

[4] 한편, 목적론적 관점은 행복이나 쾌락을 인간이 추구해야 할 목적으로 보았다. 이 관점은 오로지 최선의 결과를 가져오는 행위가 옳은 행위이며, 경험을 통하여 도덕을 얻을 수 있다고 생각하였다. 도덕은 '보다 많은 사람들에게 보다 많은 행복을 가져오는 행위'이다. 따라서 어떤 행위를 결정할 때는 미래에 있을 결과를 고려해야 한다. 이런 의미에서 목적론적 관점을 결과론이라고도 한다.

[5] 그러나 목적론적 관점도 한계가 있다. 똑같은 결과라도 사람마다 판단이 달라질 수 있기 때문이다. 위의 예에서 1번 철로를 선택하는 것이 목적론적 관점에서는 옳은 선택이지만 1번 철로에 있던 인부의 가족에게 물었을 경우 대답은 달라질 것이다. 이런 문제 때문에 목적론적 관점은 도덕 법칙에 대해 많은 예외를 허용할 우려가 있다.

✏️ 제시된 지문을 문단별로 나눈다

여러 문장이 모여서 하나의 중심 생각을 나타내는 토막을 '문단'이라고 한다. 글을 쓸 때 문단을 나누는 이유는 글쓴이의 생각을 효과적이고 명확하게 전달하기 위해서다. 가령, 지구 온난화에 대해 이야기하고자 할 때 지구 온난화가 발생한 원인, 결과, 해결 방안 등을 각각의 문단으로 묶어서 정리하면 읽는 사람에게 효과적으로 글의 내용을 전달할 수 있다. 이는 반대로 읽는 사람 역시 글을 읽을 때 문단을 나누어서 내용을 이해한다면 훨씬 더 효과적으로 주제를 파악할 수 있다는 말이 된다. 즉, 독해의 첫 단계는 문단을 나누고 전체 글이 몇 문단으로 구성되어 있는지를 먼저 파악하는 일이다.

문단별로 중심 문장을 찾는다

문단을 나눈 다음에는 본격적으로 글 읽기에 들어가는데, 각 문단의 핵심 내용을 생각하며 읽는 것이 좋다. 전체 글의 주제하에서 문단별로 서로 다른 핵심 내용을 담고 있기 때문이다.

문단은 여러 문장으로 구성되어 있지만 대개 하나의 문장에 중심 내용이 요약되어 담겨 있는데, 이를 '중심 문장'이라고 부른다. 중심 문장은 글의 전체 내용을 포괄하고, 나머지 문장들은 중심 문장의 내용을 뒷받침하거나 더욱 자세히 설명해 준다.

앞서 제시한 글에서 [1]문단을 보자. [1]문단은 등굣길에 다리가 불편한 할머니를 만난 학생이 벌점을 피하기 위해 빨리 학교에 가야 할지, 할머니를 도와드려야 할지에 대해 고민하는 내용이다. 여기서 중심 문장은 '개인 행위의 옳고 그름을 판단하는 기준이 필요하다'는 문장이고, 나머지 문장들은 중심 내용의 설명을 뒷받침하는 문장이다.

지문을 읽을 때 중심 문장을 먼저 찾아야 한다는 사실은 아이들도 이미 잘 알고 있다. 중요한 것은 글을 읽으며 중심 문장을 찾았다고 하더라도, 자신이 중심 문장을 제대로 찾은 것인지 확인하지 못한다는 점이다. 이를 스스로 확인하려면 문단별로 자신이 찾은 중심 문장들의 내용을 연결했을 때 하나의 요약문이 될 수 있는지 확인해야 한다. 자신이 찾은 중심 문장들만 읽어도 전체 글의 내용을 파악할 수 있어야 한다는 의미다. 아이들은 보통 글을 읽을 때 기계적으로 중심 문장을 찾을 뿐, 글의 전체를 파악하려는 노력은 하지 않는다. 그래서 글의 전체적인 체계를 알지 못하고, 읽은 내용을 기억하지 못하는 것이다. 중심 문장을 다 찾은 후 자신이 찾은 중심 문장들을 읽어 보며 흐름이 명확한 하나의 요약문이 나오는지를 확인해야 한다. 그러면 주제도 자연스럽게 파악하게 된다.

지그재그로 독해한다

문단에서 중심 내용을 찾을 수 있다면 이제 지문 전체를 독해하는 훈련이 필요하다. 지그재그 독해법은 글을 읽으면서 동시에 그 내용을 정리하는 독해법이다. 읽고 바로 정리하고, 다시 읽고 바로 정리하는 과정이기 때문에 '지그재그'라는 이름을 붙였다. 지그재그 독해의 방법은 다음과 같다.

한 문단에서 중심 내용을 파악했다면 그 핵심 내용을 노트에 간단하게 적는다. 이때는 중심 문장을 적어도 좋고 간단한 키워드 정도만 적어도 좋다. 위에서 제시된 지문에 활용해 보자. [1]문단에서는 A가 도덕적 딜레마에 빠진 상황을 제시하면서 '개인 행위의 옳고 그름을 판단하는 기준이 필요하다'라는 내용을 강조하고 있는데, 이것이 중심 문장이다. 이때 지문의 중심 문장에 밑줄을 긋고, 노트에 이 내용을 요약하여 적는다. (그림 참고-[1]문단)

그리고 다시 지문으로 돌아가 [2]문단의 중심 문장을 찾는다. [1]문단에서 개인 행위의 옳고 그름에 대한 기준을 두 가지 관점에 대해 이야기할 것임을 예고했는데, [2]문단은 그중 하나인 의무론적 관점에 대해 다룬다. 그렇다면 [2]문단에서는 '의무론적 관점에서는 행위에 대한 도덕적 판단이 도덕 법칙에 따라 이루어져야 한다고 보았다'라는 내용을 중심 문장으로 찾을 수 있다. 다시 이 문장에 밑줄을 긋고, [1]문단과의 관계를 파악한 뒤 이 내용을 노트에 적는다. (그림 참고-[2]문단)

[3]문단에서는 의무론적 관점이 갖는 한계에 대해 이야기하는데, 여기서 중심 문장은 '두 개의 옳은 도덕 법칙이 충돌할 때 의무론적 관점에 따르면 결정을 내릴 수 없다'이다. 역시 이 문장에 밑줄을 긋고, [2]문단과의 관계를 파악한 뒤 내용을 노트에 이어 적는다. (그림 참고-[3]문단)

[4]문단에서는 [1]문단에서 제시한 두 가지 관점 중 의무론적 관점과는 다른 목적론적 관점에 대해 다루고 있다. 중심 문장인 '목적론적 관점은 행복이나 쾌락을 인간이 추구해야 할 목적으로 보았다'에 밑줄을 그은 뒤, 노트에는 의무론적 관점과는 반대 위치에 적어 넣는다. (그림 참고-[4]문단) 마지막 문단에서는 '똑같은 결과

라도 사람마다 판단이 달라질 수 있다'는 목적론적 관점의 한계에 대해서 이야기하고 있는데, 이 역시 [4]문단과의 관계를 파악하여 노트에 이어 적을 수 있다. (그림 참고-[5]문단)

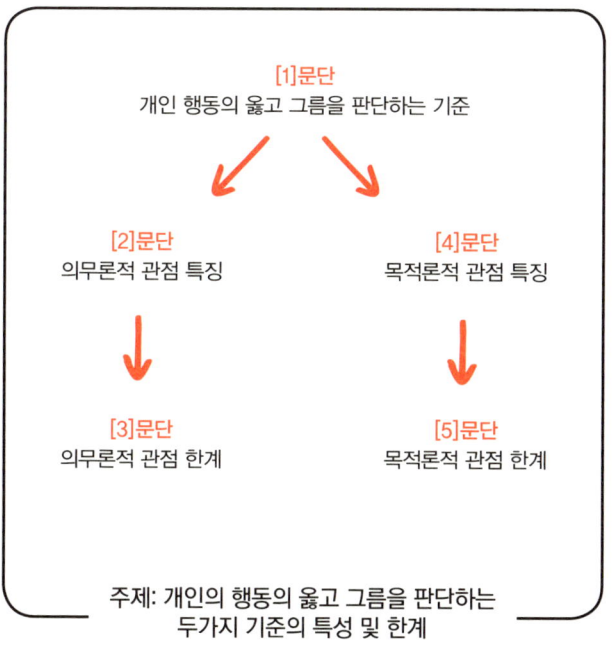

어떻게 보면 참으로 귀찮은 작업이다. 처음 이 방법을 훈련시키면 아이들은 글을 읽는 것도 벅찬데 어떻게 바로 노트에 정리까지 하느냐며 부담스러워 한다. 글을 읽고 한 번에 쓰는 것도 아니고, 지문과 노트를 왔다 갔다 하면서 정리해야 하니 말이다. 아이들이 글을 읽을 때 저지르는 가장 큰 실수는 글을 눈으로만 읽고, 머리로는 읽으려 하지 않는다는 것이다. 그러므로 아이의 독해력을 높이기 위해서는 아이가 글을 읽는 동시에 그 내용을 바로 정리할 수 있도록 훈련을 시켜야 한다. 물론 여기서 핵심은 글을 다 읽고 노트에 구조도를 그리는 것보다 글을 읽는 중간에 구조도를 그리게 하는 것이다. 일단 중심 문장을 찾고 그 내용을 바로 구조화하는 과정이 익숙해지면, 이후에는 노트에 직접 내용을 적지 않아도 그 내용이 읽는 동시에 머릿속에서 구조화되는 능력이 생긴다. 글을 다 읽은 뒤에 내용 정리를 하는 것은 빠른 시간 안에 정확하게 내용을 파악해야 할 때와는 맞지 않다. 가장 바람직한 독해는 글을 읽는 동시에 머릿속에서 내용이 체계적으로 구조화되는 것이다.

다시 한 번 강조하지만, 독해야말로 모든 공부의 기본이다. 특히 독해와 가장 밀접한 국어와 영어 과목의 경우 독해력의 향상을 통한 직접적인 성적의 변화를 이끌 수 있다. 뿐만 아니라 사회와 과학의 원리를 이해하는 데 독해력은 필수이며, 수학 개념에 대한 정의와 공식 증명 과정에 대한 이해 역시 독해력를 통해 가능하다.

이해의 마지막 단계에서는 자신이 제대로 이해했는지 확인하는 작업이 반드시 필요하다. 이때 가장 확실한 방법은 자신이 아니라 다른 사람에게 내용을 설명해 보는 것이다. 정말로 다른 사람을 앞에 두고 설명하라는 것이 아니라, 다른 사람도 자신의 설명을 듣고 이해할 수 있어야 한다는 말이다. 오늘 배운 내용을 설명해 보라고 했을 때, "알긴 아는데 설명을 못하겠어요"라고 대답하는 아이들은 내용을 완벽하게 이해하지 못한 것이다. 이러한 아이들은 분명히 모르는 게 없었는데, 성적이 왜 나쁜지 모르겠다는 반응을 보인다. 공부원리의 첫 단계인 이해에서부터 문제가 생겼으니, 그 이후 과정에서 효과를 얻을 수 없는 것은 당연하다. 줄기가 힘이 없는데 어떻게 싱싱한 이파리가 달릴 수 있을까?

이해를 점검하는 또 다른 방법은 문제풀이다. 많은 아이들이 내용을 다 공부해야만 문제를 풀 수 있다고 착각하는데, 사실 문제풀이는 자신이 배운 것을 완전하게 이해하는 과정으로 만들어야 한다. 단, 여기서 말하는 문제는 암기를 해야 풀 수 있는 것이 아니라, 이해를 해야 풀 수 있는 것을 의미한다. 스스로 설명해 본 다음 문제를 풀면서 이해를 확인하는 작업까지 거친다면, 이해도에 대한 점검은 마무리된다.

공부원리 2단계 중요한 내용 정리하기

공부원리의 두 번째 단계는 머릿속에 이해한 내용들을 정리하는 과정이다. 대부분 아이들은 내용을 이해만 할 뿐 체계적으로 정리하지 않는다. 그러면 머릿속에 남아 있는 내용들이 서로 연결되지 못하고 뒤섞이는 경우가 많다. 어디서 분명히 본 내용인데 답을 찾지 못하는 경우가 이에 해당한다. 머릿속에 내용이 산발적으로 흩어져 있어, 정작 문제에서 묻는 내용을 정확하게 찾아내지 못하는 것이다. 그래서 이해를 거친 뒤에는 반드시 정리를 해야 한다. 이때 정리란 구체적으로 '필기'를 의미한다.

필기의 과정

효율적으로 필기하기 위해서는 이미 학습된 많은 정보들 가운데서 자신에게 필요한 정보가 무엇인지 빠르게 찾아낼 수 있어야 한다. 물론 여기에도 전략과 연습이 필요하다. 앞서 공부원리 1단계에서 소개한 독해법이 교과서의 내용을 정확하게 이해하기 위함이라면, 다음은 필기를 할 때 중요한 정보를 빨리 선별하기 위한 읽기 전략이라고 할 수 있다.

✎ SQ3R 전략

SQ3R 전략은 'Survey(훑어 보기), Question(질문하기), Read(읽기, R1), Recite(암기, R2), Review(복습, R3)'의 5단계를 의미한다.

Survey는 글을 읽기 전에 미리 내용을 생각하며 훑어보는 단계이다. 제목이나 소제목, 차례, 삽화, 본문의 처음과 끝부분 등 글 전체를 훑어 보면서 내용을 대강 짐작해 볼 수 있다. 가령, 소설『소나기』를 읽는다고 치자. '행복했던 어린 시절', '떠나가는 엄마', '집을 나온 돌이', '아아! 우리 엄마', '다시 찾은 행복' 등 소제목을 훑어 보면 전체 내용이 어떻게 전개될지 짐작이 가능해 읽는 부담을 줄일 수 있다.

Question은 글의 제목이나 소제목 등을 질문으로 바꾸어 머릿속에 기억하는 단계다. 소설 『소나기』를 읽으면서 '왜 제목이 소나기일까? 기상 관측에 관한 과학 소설도 아닌데? 아아, 주인공들이 소나기를 맞는구나. 근데 왜 하필 제목이 소나기지? 그래, 소나기는 갑자기 쏟아지다가 금세 멈추는 비야. 그러니까 소년과 소녀의 사랑 또한 그런 것이겠구나!' 등과 같은 문답을 떠올려 볼 수 있다. 이처럼 제목이나 중심 단어에 대해 질문을 해보면서 대략적인 내용을 파악할 수 있다.

Read는 처음부터 차분하게 읽어가면서 그 내용을 하나하나 자세히 확인하는 단계다. 『소나기』를 예시로 조금 더 구체적으로 설명하자면 '소설 속에 나오는 징검다리는 소년과 소녀의 만남을 의미할 거야. 하지만 소녀의 죽음을 상징하지는 않아. 아, 도라지꽃이 보라색이었지. 보라색은 꿈을 상징하면서도 죽음의 색이기도 해. 그렇다면 만남은 징검다리, 죽음은 도라지꽃을 의미하겠구나. 그런데 징검다리와 도라지꽃이 소년과 소녀의 순수한 사랑을 상징하지는 않잖아. 그걸 상징하는 것은 소나기일까? 소나기가 왜? 맞다, 소나기는 세차게 내리지만 금세 그치는 비야. 그러니까 구질구질하거나 청승맞지 않아. 생각해 보니 소녀에 대한 소년의 사랑이 순수하고 간절하긴 했지만 금세 끝나 버렸네. 마치 꼭 한여름의 소나기

같아!'

Recite는 암기 단계로 지금까지 읽은 내용을 요약하고 정리하는 것을 의미한다. 글이 여러 소제목으로 나뉘어 있으면, 그 소제목별로 훑어 보기, 질문하기, 자세히 읽기, 되새기기의 과정을 밟을 수도 있고, 모두 읽은 다음 그 과정을 밟아가며 암기할 수 있다.

Review는 다시 보기 단계로 지금까지 읽은 모든 내용을 살펴보고, 전체 내용을 정리하는 과정이다. 이때는 책장을 덮고 바로 앞 단계에서 알게 된 책의 내용을 다시 떠올려 보면 좋다. 그리고 작가의 입장에서 내용을 점검해 보고, 수정하고 싶은 내용이 있다면 고쳐 보는 것도 하나의 방법이 될 수 있다.

✎ SQRW 전략

SQRW전략은 SQ3R전략을 조금 변형한 것이다. 불필요한 부분을 없애고, 교과서 및 다양한 문제집의 내용을 이해하고 체계적으로 정리할 수 있도록 돕는 전략이다.

Survey는 단원이나 제목, 소제목, 목차, 학습 목표 등을 확인하면서 오늘 공부할 내용을 미리 짐작해 보는 단계다. 이때 그림이나 도표 등을 유심히 살펴본다면 충분히 중심 내용의 단서를 찾을 수 있으며 어떤 내용인지, 어떤 장르인지 등을 확인할 수 있다.

Question은 글의 내용이나 학습 목표, 활동의 주제와 관련하여 스스로에게 질문하는 단계다. 이를 통해 학습에 대한 관심이 증폭

될 수 있고, 작가의 생각이나 의도를 쉽게 파악할 수 있다. 또한 스스로 질문하는 학습 과정은 읽기 및 복습 시에 기억이 더욱 잘 나게 한다는 장점이 있다. 스스로 질문하기 단계를 통해 이미 학습한 내용일지라도 배운 내용을 기억하며 중요한 내용을 찾고, 놓친 부분은 없는지 확인해 보면 좋다.

Read는 공부할 책이나 교과서, 문제집, 교재 등을 정독하는 단계다. 전체적인 내용과 흐름에 대한 이해를 가지고 세부 내용들을 자세히 읽고 살펴본다. 이때 자신의 기초 상식이나 경험 등을 대입시키면 조금 더 쉽게 읽을 수 있다. 중요한 주제와 관련된 내용에 더욱 집중하여 읽고, 필요하다면 사전이나 참고서, 관련 서적들을 찾아보는 것도 좋은 방법이다. 글을 읽어 나가며 앞 단계에서 자신이 생각한 질문에 대해 답을 찾을 수 있다.

Write는 읽은 내용을 요약하고 정리하는 단계다. 글로 요약하면서 내용을 더욱 체계적으로 이해하고 기억하도록 한다. 이 단계에서는 줄거리, 주제, 핵심어 등을 기록하고 스스로 질문하기 단계에서 자신이 만들었던 질문에 답을 적어 두면 좋다.

핵심 찾기

모든 정보를 필기할 수는 없다. 그래서 필요한 정보와 핵심 개념만을 추려 내는 능력이 필요하다. 핵심 개념이란 문장, 단락 및 지문 등에 나오는 중요한 개념을 말한다. 글의 핵심 개념을 빠르고 정확하게 파악하면 학습을 좀 더 체계적으로 정리할 수 있고 이해력을 증진시킬 수 있다. 정확한 핵심 개념을 찾으면 읽기 속도가 빨라져 학습의 효율성도 높아진다. 핵심 개념들은 다음과 같은 특징들을 보인다.

- 반복적으로 제시되는 것
- 주로 처음에 제시되는 것
- 추가적인 설명이나 부연 설명이 많은 것
- 처음에 나왔다가 마지막에 다시 제시되는 것
- '강조한다면', '요약하면', '결론적으로', '특히' 등으로 강조된 것
- 번호를 매긴 것
- 굵은 서체나 크기, 모양으로 강조된 것
- 그림으로 제시되어 있는 것

핵심 개념을 빠르고 정확하게 찾아내기 위해서는 많은 연습이 필요하다. 핵심 개념들이 나올 수 있는 곳을 유심히 확인하면서 읽기 속도와 전체적인 학습 속도를 높인다면 조금 더 효율적인 학습이 가능해진다.

밑줄 긋기

효율적인 밑줄 긋기는 핵심 개념을 쉽게 파악할 수 있고, 학습 정리를 더욱 체계적으로 할 수 있도록 도와준다. 단, 밑줄을 그을 때 막무가내로 해서는 안 되고 몇 가지 주의점이 필요하다.

첫째, 적어도 한 번 이상 읽은 후에 그어야 한다. 중요한 내용이나 핵심 개념을 단번에 찾기란 쉽지 않다. 앞에 나온 내용보다 더 중요한 내용이 뒤에 나올 수도 있다. 한 번 읽고 앞뒤 내용을 파악한 뒤 실제로 중요한 내용이 어느 부분이고, 핵심 개념은 어디에 있는지 확실히 발견하면 그때 밑줄을 그어 놓는다.

둘째, 형광펜이나 연필보다는 수성펜이나 볼펜 등을 활용하는 것을 추천한다. 형광펜은 다른 펜보다 눈에 띈다. 그러나 형광펜으로 여러 군데 밑줄을 그으면 자신이 놓쳤을 수 있는 학습 정보나 중요 내용이 어디에 있었는지 찾기가 어려워진다. 또한 연필은 흐릿하여 지워지거나 번질 수 있고, 활자와 구분이 잘 되지 않는다는 단점이 있다. 수성펜이나 볼펜을 활용한다면 훨씬 깔끔해서 효과적인 밑줄 긋기가 될 수 있다.

셋째, 한 쪽에 대략 15~20퍼센트 이하로 밑줄을 긋는 것이 좋다. 스스로의 체계를 정해 핵심 주제는 빨강, 그 외 소제목이나 부가 설명에는 파란색으로 밑줄을 긋는다면 복습할 때 쉽게 알아볼 수 있고 학습 시간도 단축시킬 수 있다.

✏️ 줄여 쓰기

줄여 쓰기는 학습 내용을 짧게 줄여서 기록하는 작업으로, 학습의 양을 줄이는 것이 아니라 핵심 내용을 간추리고 이해하는 데 도움이 되기 위해 쓰는 것이다. 줄여 쓰기를 효율적으로 한다면 쓰기 속도를 향상시킬 수 있고, 공부한 내용을 오래도록 기억할 수 있다.

가령, 앞 글자만 적어 놓는다든가 약자들을 사용하면 좋다. 자신이 알아볼 수 있을 정도로 단어를 줄여 쓰면 필기 속도를 증진시

일반적인 약어의 예

약어	의미	약어	의미
↑	상승, 증가	vs.	반대, 대조
↓	하강, 감소	cf	비교
=	동의어, 유의어	ex, eg	사례, 예를 들면
∴	그러므로	?	의문, 질문
↔	반의어, 대조	>	점진적, ~보다 크다

스스로 만든 약어의 예

약어	의미	약어	의미
b4	before	Q	질문할 문제
DK	Don't Know	◐	반만 이해한 것

킬 수 있다. 일반적으로 통용되는 약어를 활용하는 것도 방법이다. 익숙해지면 자신만의 일정한 규칙이나 약어를 만들어 사용해 보기를 권한다.

노트 필기법

앞서 말했듯 아이들이 노트 필기를 하고도 다시 그 내용을 찾아보지 않는 이유는 간단하다. 자신의 공부 과정과 노트 필기의 과정이 일치하지 않기 때문에 필기가 도움이 되지 않는다고 생각하는 것이다. 이런 아이들을 위해 노트 필기를 하면서도 함께 공부를 할 수 있는 효과적인 노트 필기법을 소개하겠다.

다음은 교육 개발과 학습 기능 분야의 전문가인 코넬대학의 교수 월터 포크가 개발한 '코넬 필기법'을 응용하여 만든 필기법이다. 민성원 연구소에서 그동안 진행해 온 수많은 컨설팅을 통해, 실제 아이들의 공부 과정을 더욱 구체적으로 반영하여 설계하였다.

아래에 제시된 그림은 필기의 1단계부터 5단계까지를 노트 한 권으로 요약한 것이다. 단계별 자세한 설명을 참고하면 더욱 효과적으로 필기할 수 있다.

단원 명 학습 목표	1단계	
목차(구성) 2단계	학습 내용 3단계	점검 4단계
키워드	5단계	

　1단계는 단원 명과 학습 목표를 적는 공간으로 학습 방향을 먼저 확인하는 부분이다. 많은 아이들이 단원 명과 학습 목표를 확인도 하지 않고 바로 본론으로 들어가는 경우가 많다. 하지만 단원 명과 학습 목표를 먼저 확인하면 학습의 방향을 미리 파악할 수 있다. 만일 아이가 평소 어려워하는 과목이나 성적이 좋지 않은 과목이 있다면 해당 수업 전날, 내일 배울 단원 명과 학습 목표를 노트에 적어 보게 하자. 그것만으로도 충분히 학습 준비가 된다.

　2단계에서는 해당 단원의 내용을 목차의 형태로 적는다. 이렇게 목차를 작성해 보면, 해당 단원이 어떠한 내용들로 구성되었는지 한눈에 파악할 수 있다. 대부분 아이들이 내용은 분명 이해했으나 그 내용을 긴밀하게 연결시키지 못하는 이유는 내용의 체계를 파악하지 못했기 때문이다. 노트에 목차를 정리하면 이 문제를 해결할 수 있다.

3단계에서는 2단계에서 적은 목차 순서에 맞게 학습 내용을 정리한다. 이때 학습 내용에는 수업 시간에 필기해 둔 내용을 적는다. 시험은 수업 내용을 중심으로 출제되므로 학교 필기를 적어 두는 편이 좋다. 물론 학교 필기 외 다른 교재에서 공부한 내용들 중 자신이 생각하기에 핵심이라고 판단되는 내용을 적어도 된다. 다만 학교 필기와 구별할 수 있도록 펜의 색을 달리해야 한다.

4단계는 점검 단계로, 실제 문제를 풀어 본 다음 틀린 문제를 확인하면서, 다시 한 번 살펴봐야 할 내용을 해당 학습 내용 옆에 적는다. 왜 실수했는지, 헷갈리는 이유 등 다시 점검해야 할 내용을 적는 것이다. 대부분 아이들은 여러 권의 문제집을 풀면서 틀린 문제를 문제집에만 표시해 놓기 때문에 다시 못 보는 경우가 많다. 하지만 틀린 내용을 노트에 함께 적어 둔다면 빠뜨리지 않고 점검할 수 있다.

마지막으로 5단계에서는 키워드를 적는다. 이때 주의할 점은 해당 단원에서 핵심 개념으로 다루고 있는 모든 키워드를 순서에 상관없이 무작위로 적는 것이다. 교과서를 보면서, 자습서를 보면서, 문제집을 보면서 발견한 모든 핵심 개념의 제목을 적어 두자. 나중에 시험을 앞두고 키워드란에 적힌 제목만을 보고도 해당 내용을 모두 대답할 수 있다면, 준비를 완벽하게 마친 것이다.

공부원리 3단계 핵심 키워드 암기하기

이해와 암기는 동떨어진 학습 단계가 아니다. 이해하면 굳이 힘들게 노력하여 암기하지 않아도 된다.

예를 들어 '선어말어미'라는 단어가 있다. 실생활에서는 잘 쓰지 않는 생소한 단어라서 아마도 대다수 아이들이 공부하지 않고 그냥 지나치거나 의미를 이해하지 않고 암기할 것이다. 먼저 단어의 의미를 한 번 살펴보자. 국어에서 동사나 형용사는 활용이 가능하다. 활용이 가능하다는 것은 즉, 여러 형태로 바꾸어 쓸 수 있다는 말과 같다. 가령, '먹다'의 경우 '먹다, 먹고, 먹어서, 먹으면, 먹었다' 등으로 활용될 수 있다. 국어에서는 동사나 형용사를 활용했을 때 '먹-'과 같이 변하지 않는 부분을 '어간'으로, '-다'와 같이 변하는 부분을 '어미'라고 부른다. 그런데 '먹었다'의 경우 어간인 '먹-'을 제외하면 '-었-' 과 '-다', 총 두 개의 어미가 있다. 이때 단어의 가장 마지막에 오는 어미인 '-다'를 '어말어미'라고 부른다. 그 앞에 있는 '-었-'은 어말어미 앞에 오기 때문에 '선어말어미'라고 부른다. 선어말어미는 주로 시제나 높임의 의미를 지닌다.

이런 식으로 개념을 일단 이해하면, 굳이 암기하려고 노력하지 않아도 저절로 내용이 머릿속에 자리잡는다. 특히 우리말에는 한자어가 많아서 이미 단어 안에 그 의미가 포함되어 있는 경우가 많다. 그렇기 때문에 개념을 한자어 뜻과 함께 이해하면 자연스럽게 암기할 수 있다.

암기는 뼈대에 살을 붙이는 과정이다

교과서의 모든 문장을 완벽하게 외우는 일이 과연 실제로 가능할까? 결론은 '아니오'다. 만일 암기 능력이 뛰어나서 할 수 있다 쳐도 시간이 제한되어 있는 상황에서는 불가능하다.

아이들이 암기가 어렵다고 하는 이유는 모든 내용을 다 외워야 한다고 생각하기 때문이다. 이러한 생각이 오히려 암기를 망친다. 아이들이 완벽하게 외워야 하는 것은 오직 체계뿐이다. 내용의 뼈대인 체계를 완벽하게 암기한 후에, 세부 내용은 뼈대에 살을 붙여 나간다는 생각으로 암기해야 한다. 먼저 체계에서 가장 중요한 키워드를 하나씩 외운다. 핵심 키워드를 완벽히 외우면 그다음으로 중요한 키워드를 덧붙여 외운다. 이런 식으로 뼈대에 중요한 순서대로 키워드를 하나씩 붙여 가면서 암기해야 한다.

내용을 완전하게 이해한 뒤에 중요한 키워드를 암기하면 자연스럽게 문장을 말할 수 있다. 다시 말해, 문장 자체를 완벽하게 외우는 것이 아니라, 핵심 키워드를 넣어서 논리적으로 말할 수 있으면 된다. 실제 서술형 평가의 기준은 완전한 문장이 아니라 키워드를 놓치지 않고 서술하는 데 있다는 것을 명심하자.

앞으로 가면서 뒤도 돌아봐야 한다

컨설팅을 하다 보면 아이들이 종종 이런 말을 한다.

"우리 반 1등은 한 번만 봐도 다 외우던데요."

그러면서 왜 자신은 여러 번 봐도 못 외우는지 모르겠다며 푸념을 하기 시작한다. 아이들의 생각처럼 공부를 잘하는 아이는 정말 내용을 한 번에 다 외우는 걸까?

내가 대학입시를 준비할 때의 일이다. 사회 탐구에서 총 네 과목을 준비해야 했는데 한 과목당 책 한 권의 분량이었다. 분명히 어제 열심히 공부했다고 했는데도 오늘 보니 마치 처음 보는 내용처럼 새롭게 보였다. 아무리 열심히 공부해도 다음 날이 되면 역시 비슷한 느낌이 들었다. 절망스러웠다. 이런 식으로 해서는 도저히 수능 전까지 네 과목을 다 마칠 수 없을 것 같았다. 그래서 나는 나름대로 두 가지 원칙을 정했다. 첫 번째는 앞서 말했듯 '모든 내용을 외우려고 하지 말자, 체계만 외우고 나머지 내용은 이해만 하자'였다. 두 번째는 '이미 공부한 내용이 새롭게 보여도 좌절하지 말고 보고 또 보자'였다. 그렇게 공부한 결과 수능에서 네 과목 모두 만점을 받았다.

공부를 잘하는 아이도 결코 한 번만 보고 내용을 전부 외우지는 못한다. 다만 자신을 '바보'라고 자책하면서까지 끈기 있게 반복해서 외울 뿐이다.

공부를 잘하는 아이들은 앞으로 나아가면서도 항상 뒤를 돌아본다. 새로운 진도를 공부하면서도 이전에 공부한 내용을 끊임없이 다시 확인하는 것이다. 인간의 기억은 시간이 흐르면서 자연스럽게 지워진다. 그건 반에서 1등을 하는 아이나 30등을 하는 아이나 똑같다. 단지 누가 그 기억을 오래 유지하느냐의 차이가 바로 기억력의 차이이자 암기력의 차이다.

공부를 잘하는 아이들은 공부한 내용을 오랫동안 유지하기 위해 계속해서 반복한다. 그러나 공부를 못하는 아이들은 끊임없이 앞으로 나아가기만 한다. 앞으로 나아가는 것만이 공부라고 생각하며 뒤를 돌아보지 않는 것이다. 이런 식으로 공부하면 이전에 공부한 내용을 챙기지 못할 뿐더러 암기했던 내용들도 자연히 잊어버리고 만다.

기억을 자주 꺼내 보자

2008년 「SCIENCE」지에 실린 기억 전략에 대한 실험 논문의 내용을 살펴보자. 이 실험의 연구자들은 학생들에게 40개의 스와힐리어-영어 단어 쌍(mashua-boat)을 아래와 같이 네 가지 조건에서 학습하게 한 뒤 그 결과를 비교해 보았다.

- **ST조건:** 40개의 단어 쌍을 학습한 후 스와힐리어 단서를 주고 영어단어(mashua-?)를 기억하게 한다. 그리고 이러한 학습과 검사(Study-Test)를 하나의 묶음으로 네 번 반복한다.

- **SnT조건:** 40개의 단어 쌍을 학습한 후 스와힐리어 단서를 주고 영어단어(mashua-?)를 기억하게 한다. 그리고 두 번째부터 네 번째 학습-검사 묶음까지는 검사에서 기억해내지 못한 단어 쌍만 다시 학습하게(Sn)하고, 검사는 40개의 단어 쌍 모두 반복한다.

- **STn조건:** 40개의 단어 쌍을 학습한 후 스와힐리어 단서를 주고 영어단어(mashua-?)를 기억하게 한다. 그리고 두 번째부터 네 번째 학습-검사 묶음까지는 모든 단어를 학습하게 했지만, 검사에서는 기억해내지 못한 단어 쌍만 검사(Tn)한다.

- **SnTn조건:** 40개의 단어 쌍을 학습한 후 스와힐리어 단서를 주고 영어단어(mashua-?)를 기억하게 한다. 그리고 두 번째부터 네 번째 학습-검사 묶음까지는 검사에서 기억해내지 못한 단어 쌍만 다시 학습하게(Sn)하고, 검사에서도 기억해내지 못한 단어 쌍만 검사(Tn)한다.

위의 네 가지 조건으로 학습과 검사를 진행했던 실험 참가자들을 일주일 후에 불러서 다시 한 번 40개의 단어 쌍에 대해 기억 검사를 실시했다. 일주일 후에 어느 조건에서 학습과 검사를 진행한 참가자가 기억을 더 잘했을까?

아이들에게 질문을 하면 대부분 반복학습을 한 참가자들이 기억을 더 잘했을 것이라고 대답한다. 검사보다는 학습이 암기에 더 효과적이라고 생각하기 때문이다. 그러나 실험 결과는 달랐다. 반복적으로 모든 내용을 검사했던 'ST조건'과 'SnT조건'이 다른 두 조건에 비해 약 40퍼센트 이상 기억을 잘했다.

이 실험의 결과는 사람이 학습 내용을 기억하는 데 있어 검사가 얼마나 중요한지를 보여 준다. 다시 말해, 연습을 자주 하는 것보다 시험을 자주 보는 것이 기억에 더 좋은 결과를 미친다는 사실을 의미한다.

공부원리 4단계 문제풀이로 적용하기

문제풀이는 자신이 이해하고, 정리하고, 암기한 내용을 적용해 보는 단계다. 완벽하게 공부했다고 생각해도 문제를 풀다 보면 헷갈리거나 모르는 내용이 나오는 경우가 있다. 이는 자신이 공부한 내용을 잘못 이해했거나, 완전히 이해했다고 생각했지만 사실 그렇지 않다는 것을 의미한다.

이처럼 이해한 정도와 수준을 스스로 점검할 수 있기 때문에 문제풀이는 굉장히 중요한 학습 단계다. 문제풀이를 통해 아는 내용은 확실하게 정리하고, 모르는 내용은 제대로 보완할 수 있다.

문제풀이에도 원칙이 있다

아이가 평소 푸는 문제집을 한 번 들여다보자. 아마 문제를 채점한 뒤로 다시 푼 흔적이 거의 없을 것이다. 심지어 조금 복잡해 보이는 문제나 서술형 문제는 아예 빈칸으로 두는 아이도 있다.

아이들은 평소에 문제집을 풀 때 별로 긴장하지 않는다. 시험을 볼 때만 신중하게 풀면 그만이라고 생각하지만, 평소 습관은 반드시 시험 때도 고스란히 이어진다. 아이들이 시험을 볼 때 저지르는 실수를 가만히 살펴보면 대부분 평상시에도 자주 하는 실수다. 그러므로 문제집을 풀 때는 몇 가지 원칙을 정해 두는 것이 좋다.

첫째, 모든 문제와 보기를 정확하게 확인한다. 이때 문제와 보기에 표시를 해두면 좋은데 적절한 것은 무조건 동그라미 표시를, 적절하지 않은 것은 무조건 엑스 표시를 한다. 표시 자체에도 의미가 있지만, 표시를 하기 위해서는 문제와 보기를 모두 읽어봐야 하기 때문이다. 문제를 빨리 읽거나, 보기를 모두 읽지 않고 답을 선택해서 실수를 하는 아이들이 생각보다 많다는 것을 명심하자.

둘째, 문제집에 있는 모든 문제를 반드시 다 풀고 넘어가야 한다. 아이들은 일단 문제를 빨리 풀어서 문제집 한 권을 끝내고자 하는 마음이 크다. 그래서 조금이라도 시간이 걸릴 것 같은 문제를 보면 그냥 넘어간다. 아이들의 문제집을 펼쳐 보면 지문이 길거나, 복잡해 보이는 도형이나 그래프가 있거나, 조건이 많이 붙은 서술형 답안을 작성해야 하는 문제는 대체로 비워 둔 경우가 많다. 물론 아이들은 풀 수는 있는데 귀찮아서 그냥 넘어가는 것이라고 한다. 하지만 이것이 습관화되면 시험에서 이와 같은 유형의 문제가 나올 시에 당황하기 쉽다. 연습이 안 되어 있기 때문이다. 그러므로 평소에 여러 유형의 문제를 모두 풀어 보면서 문제풀이에 대한 감을 익혀 놓는 것이 중요하다.

셋째, 채점은 문제를 푼 직후 바로 해야 한다. 시험이 끝난 후 아이들의 문제집을 살펴보면 문제를 풀기만 하고 채점은 안 되어 있는 경우가 있다. 문제풀이 자체에만 의미를 두고 있는 것이다. 다시 한 번 말하지만 공부는 모르는 것을 줄여 나가는 과정이다. 문제풀이의 핵심은 문제를 푸는 것 자체가 아니라 채점이 이루어진 이후의 과정이라고 볼 수 있다. 만일 아이가 문제풀이 자체에만 치중하고 있다면 공부의 의미를 되새겨 보게 할 필요가 있다.

마지막으로 채점을 할 때 아이들은 보통 정답만 확인하고 마는 경우가 많은데, 이렇게만 해서는 절대 안 된다. 맞은 문제라고 하더라도 자신이 문제의 핵심을 정확하게 파악하고 답을 고른 것인지 한 번 더 점검해야 한다. 틀린 문제 역시 정답을 확인하고 바로 고치기보다는 해설을 읽어 보며 왜 틀렸는지 확인하는 과정이 필요하다.

오답체크에 대한 오해

아이들에게 스스로 채점을 해보라고 시키면, 몇몇 아이들은 틀린 문제의 정답을 확인하고는 슬쩍 답을 바꾼 뒤에 세모 표시를 한다. 이런 아이들에게 오답체크는 결국 답을 바꾸는 과정인 셈이다. 한 번 틀린 문제를 계속해서 틀리는 아이들은 보통 이런 식으로 오답체크를 하는 경우가 많다. 오답체크의 진정한 의미는 답을 고치는 것이 아니라 생각을 고치는 것이다. 처음에 그 답을 골랐을 때는 분명 나름의 이유가 있었을 것이다. 당시에 했던 그 생각을 바꾸지 않는다면 비슷한 문제에서 계속 같은 오답을 고르게 된다.

그러므로 오답이 발생하면 먼저 그 답을 고른 이유에 대해 생각하고 다시 한 번 문제를 풀어봐야 한다. 그런 다음 해설지에 나온 내용을 읽어 보면서 자신의 생각과 비교하는 과정이 필요하다. 특히 문제를 풀고 답이 맞은 경우, 아이들은 절대 해설을 보지 않는다. 그러나 문제를 맞혀도 해설을 항상 확인하는 습관을 들여 놓아야 공부한 내용을 완벽히 소화할 수 있다.

공부원리 5단계 공부한 과정 점검하기

점검은 앞서 공부원리의 네 단계를 거쳐 공부한 내용을 최종적으로 확인하는 단계다. 공부는 아는 것을 늘려 가는 과정이 아니라, 모르는 것을 줄여 나가는 과정이다. 그런데 아이들은 아는 것을 늘려 가려고만 한다. 아무리 열심히 해도 결과가 만족스럽지 못할 수

밖에 없는 이유가 바로 여기에 있다.

마지막 점검 단계에서는 첫째, 단권화 교재를 정독하면서 자신이 잘못 이해한 내용은 없는지 점검한다. 둘째, 그 내용을 노트 필기와 비교하며 빠뜨린 내용이나 잘못 표기된 내용은 없는지 점검한다. 셋째, 목차를 통해 다시 한 번 내용을 암기해 보면서 정확하게 암기하지 못한 내용은 없는지 점검한다. 넷째, 문제풀이를 통해 오답을 정리했다면 틀린 이유나 다시 확인해야 하는 내용을 노트의 점검 부분에 반드시 적어 놓는다. 그리고 이 모든 과정을 거치면 노트의 키워드 부분에 각 단원에서 핵심적으로 다루고 있는 모든 키워드를 써보면서 전체 내용을 완전하게 점검한다.

이해, 정리, 암기, 적용, 점검에 걸친 공부의 원리를 이해하고 실제 학습에 적용한다면 학습 내용은 자연스럽게 머릿속에 공고화된다. 이처럼 공부원리는 모든 과목에서 항상 공부의 가장 기본적인 바탕이 되어야 할 것이다.

3부

실전에 강해지기 위해 쌓아야 할 '시험력'

"

평소에는 잘하는 것 같은데 시험만 보면 성적이 좋지 않은 아이들이 있다. 기껏 배운 것을 소화해 영양분으로 만들어 내지 못하는 경우다. 초등학교 때와 달리 중고등학교 내신 성적은 대학입시와 직결되므로, 이러한 아이들은 하루 빨리 실전에 강한 힘을 길러야 한다.
또한 시험 직후, 많은 아이들이 포기하는 과목이 바로 수학과 영어다. 하지만 이 과목들은 수능에 절대적인 영향을 미친다. 수학과 영어를 버린다는 것은 곧 대학 진학을 포기하겠다는 말과 같다.
이번 장에서는 좋은 결과를 낼 수 있는 '시험력'을 알아보고, 수학과 영어를 어려워하는 아이에게 유용한 공부 지도 방법들을 살펴본다.

"

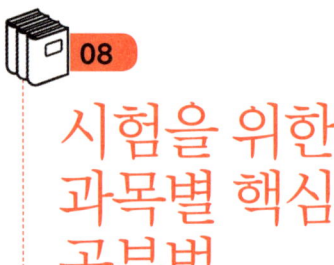

시험을 위한 과목별 핵심 공부법

국어

학습 목표는 공부의 나침반이다

모든 과목에서 학습 목표는 중요한 의미가 있다. 학습 목표는 아이가 본격적으로 공부하기 전에 앞으로 어떤 내용에 대해 배울 것인지 미리 짐작할 수 있게 돕는다. 그중에서도 국어는 단원에서 제시하는 학습 목표의 역할이 굉장히 뚜렷한 과목이다. 단원에 수록된 지문의 존재 이유가 바로 학습 목표이기 때문이다. 그러므로 국어는 학습 목표를 먼저 확인하고, 학습의 방향을 설정한 뒤에 공부를 시작해야 한다.

컨설팅을 하다 보면 많은 아이들이 "국어는 뭘 공부해야 할지 모르겠다"고 말한다. 이것은 학습 목표를 확인하지 않아서 하는 소리다. 과목 특성상 국어는 제시된 지문을 어떤 방향으로 접근할지에 따라 공부할 범위가 많아지거나 줄어든다. 이때 그 방향을 명확하게 잡아주는 역할을 하는 것이 바로 학습 목표다. 가령, 지문에 현대시가 제시되었을 경우 시에 접근하는 방향은 화자, 운율, 심상, 비유, 상징, 주제 등 매우 다양하다. 하지만 해당 단원의 학습 목표에 '문학 작품에 나타나는 사회, 문화, 역사적 상황을 파악할 수 있다'라고 제시되어 있다면, '작품에 드러난 사회상'에 공부의 방향성을 두면 된다. 학습 목표에 해당하는 내용은 무조건 시험 문제로 출제된다. 뿐만 아니라 핵심 내용을 이미 알고 공부한다는 사실 자체가 아이들에게 안정감을 줄 수 있기 때문에 학습 목표는 더더욱 중요하다.

학습 활동은 시험 문제의 예시다

일반적으로 교과서는 주요 내용을 먼저 다룬 뒤 앞서 배운 내용을 제대로 이해했는지 점검할 수 있는 다양한 질문을 제시한다. 객관적인 사실을 묻는 질문일 수도 있고, 주관적인 의견을 묻는 질문일 수도 있다. 국어 교과서도 지문을 공부한 뒤 지문에 나오는 내용을 기반으로 한 '학습 활동'이라는 부분이 있다. 국어 교과서의 학습 활동은 주로 객관적인 사실을 묻는 질문들로 구성되는데, 여기에 제시된 질문들은 학습 목표와 해당 지문을 엮은 내용이 주를 이룬다. 앞서 말했듯 국어의 학습 목표는 해당 지문을 공부하는 하나의 기준이 되기 때문에, 학습 활동에 제시된 질문들은 각 단원의 핵심을 담고 있다. 즉, 시험 문제로 이어질 가능성이 높다는 의미다. 그래서 공부 잘하는 아이들은 학습 활동에 왜 이러한 질문이 출제되었는지 먼저 파악한 뒤 그 내용을 집중적으로 공부한다.

만일 학습 활동에 외부 지문이 함께 제시되는 경우, 외부 지문까지 공부 범위에 포함시켜야 할까? 당연히 넣어야 한다. 외부 지문 역시 해당 단원의 학습 목표를 담고 있기 때문이다.

문제풀이를 먼저 해라

일반적으로 아이들의 공부 패턴은 내용을 먼저 공부한 뒤에 문제를 푸는 순으로 진행된다. 하지만 국어 과목은 이러한 공부 패턴과 달라야 한다. 국어 시험은 과목 특성상 제시된 지문을 읽고, 지문에 나오는 내용을 근거로 문제를 푸는 형식이다. 즉, 반드시 내용을 알고 있어야만 문제를 풀 수 있는 것이 아니라는 소리다. 처음 보는 지문일지라도 지문을 읽고 바로 문제를 푸는 실력을 키우는 것이 국어 과목에서는 가장 중요하다. 그래서 나는 아이들에게 국어 과목만큼은 공부를 하기 전에 미리 문제부터 풀어 볼 것을 추천한다. 문제를 먼저 풀었을 때 얻을 수 있는 효과는 크게 두 가지다.

첫 번째는 독해력을 기르는 기회가 될 수 있다. 이미 공부해서 익숙한 지문으로 문제를 푸는 것보다, 처음 보는 지문을 분석하여 문제를 푸는 연습을 하면 더욱 자연스럽게 독해력을 향상시킬 수 있다. 학기 중에 내신 외 공부를 할 여유가 따로 없다면 내신을 공부하면서 자연스럽게 독해력을 기르는 훈련을 하자. 많은 아이들이 국어 시험에서 가장 어려워하는 부분이 바로 학교에서 배우지 않은 지문이 문제로 출제되었을 때다. 평소에 문제를 먼저 푸는 습관을 들인다면 이에 대비하는 연습도 할 수 있을 것이다.

두 번째는 해당 지문의 핵심적인 내용이 무엇인지 쉽게 파악할 수 있다. 문제는 핵심적인 내용을 담고 있으므로 문제에서 묻는 내용을 미리 공부하면 실제 지문을 공부할 때 조금 더 집중하는 효과를 얻을 수 있다. 공부를 마친 뒤에는 똑같은 문제를 한 번 더 풀어 보면서, 이전에는 이해하지 못했거나 놓쳤던 부분들에 대해 보충하면 된다.

갈래별 이론은 본문을 이해하는 자양분이다

국어 지문을 완벽하게 공부하고 싶다면 지문의 갈래에 대해 공부하는 것이 큰 도움이 된다. 만일 소설이 지문으로 제시된 경우, 소설의 내용을 공부하기에 전에 '소설'이라는 갈래가 가진 특성에 대해 먼저 공부하는 것이다. 국어는 학습 목표에 제시된 내용을 바탕으로 지문을 이해하는 것이 맞지만, 그렇다고 해서 반드시 그 내용에서만 문제가 출제되는 것은 아니다. 학습 목표에서 소설의 서술자에 대해 언급했더라도, 서술자에 대한 문제 외에 시점이나 갈

등 구조에 대해 묻는 문제도 나올 수 있다는 말이다. 또 갈래의 특성을 알면 본문을 조금 더 깊게 이해할 수 있는 바탕이 된다. 그러므로 국어 시험을 완벽하게 대비하고자 한다면, 평상시에 해당 지문의 갈래를 확인하고 그 특성에 대해 미리 공부하는 습관을 지녀야 한다.

수업 시간에 한 필기는 곧 시험 문제다

"어차피 자습서랑 다 똑같아서 필기는 안 해도 돼요"라고 말하는 아이들이 종종 있다. 다른 과목도 마찬가지겠지만 특히 국어의 경우, 수업 시간에 한 필기는 절대적으로 중요하다.

몇 년 전, 텔레비전의 한 프로그램에서 실제로 방송된 내용이다. 한 시인에게 수능 언어 영역에 출제된 자신의 시에 대한 문제를 풀어 보게 했다. 그 결과, 놀랍게도 시인은 문제를 다 틀렸다.

시를 직접 쓴 시인마저도 문제를 풀지 못했다는 것은 무엇을 의미할까? 국어에서 제시되는 지문들은 다양한 관점에서 분석이 가능해 저마다 해석이 다를 수 있다. 가르치는 사람이 누구냐에 따라 해석이 다를 수 있다는 말이다. 가령, A라는 작품의 특정 구절에 대해 두 가지 이상의 해석이 가능한 경우, 자습서에서 강조한 해석과 학교 선생님이 강조한 해석이 다를 수도 있다. 그러므로 국어는 학교 선생님의 수업에 더욱 집중하여 필기를 놓치지 않는 것이 성적 향상에 도움이 된다.

국어 문법은 하나의 이야기다

초등학교 아이들이 중고등학생이 되면 가장 어려워하는 영역이 바로 문법이다. 전보다 세분화된 문법을 배우기 때문이다. 하지만 중고등학교에서 배우는 문법의 틀은 결국 '음운-단어-문장-담화'의 단계로 이어진다. 음운이 모여 단어가 되고, 단어가 모여 문장이 되며, 문장이 모여 담화가 된다.

문법은 하나의 큰 흐름으로 이루어져 있다. 교과 과정에서 문법의 학습 과정을 음운, 단어, 문장 순으로 편성해 놓은 이유도 이 때문이다. 문제는 이 과정을 한 번에 배우는 것이 아니라 매 학년에 걸쳐 조금씩 나눠서 배운다는 데 있다. 이렇게 짧은 내용을 매년 나눠서 배우니, 아이들은 문법이 전체적으로 연결되어 있다는 사실을 잘 모른다. 또한 새 학년이 되어 이전에 배운 문법을 기억하지 못하는 아이들은 문법이 더욱 어려워질 수 밖에 없는 것이다.

아이가 유독 문법을 어려워한다면 시간 여유가 있는 방학 동안 교과 과정에 있는 모든 문법의 내용을 연결하여 공부하는 것을 추천한다. 또한 초등학교와 중학교에서 배운 문법은 고등학교에서 심화된 내용으로 한 번 더 나오기 때문에, 미리 준비해 두면 큰 도움이 될 것이다.

영어

문법 공부의 방향을 바꿔라

아이들에게 영어에서 가장 어려운 것이 뭐냐고 물으면 항상 나오는 대답은 문법이다. 초등학교 때부터 학원이나 과외에서 가장 많이 배우면서도 결국 극복하지 못하는 과목이다. 보통 아이들이 문법에서 겪는 가장 큰 문제는 본인이 알고 있는 문법적인 지식들을 실제 문제에 적용하지 못한다는 점이다. 분사가 무엇인지는 알지만 실제 문제에서 제시된 것이 분사인지 모르는, 참으로 아이러니한 상황이 벌어진다. 이러한 상황이 발생하게 된 배경은 결국 문법 공부의 잘못된 패턴 때문이다.

아이들은 동명사에 대해 배우고 나면 곧바로 동명사와 관련된 문제를 푸는 식으로 공부를 한다. 물론 문제는 금방 푼다. 이미 어떤 문제가 나올 것인지 짐작하고 있기 때문이다. 이러한 패턴에 익숙해진 아이들은 미리 내용을 고지하지 않은 상태에서 문법 문제가 출제될 경우 엄청난 혼란에 빠진다. 무엇을 묻고자 하는지에 대해 전혀 감을 잡지 못하고, 공부한 문법 지식들을 실제 문제에 적용하지 못하는 것이다. 문제에서 친절하게 동명사와 관련되었다는 힌트라도 알려 주면 좋겠지만, 실제로는 그렇지 않다. 그러므로 아이들은 자신이 알고 있는 문법의 지식들을 문제에 적용할 수 있도록 공부의 방향을 바꿔야 한다. 입시공부에서는 아이 스스로가 출제 의도를 분석해 내야만 하는 것이다.

실전에 도움이 될 수 있는 한 가지 팁을 주자면, 영어 문법 문제에도 일정한 패턴이 있기 때문에 이 패턴만 알면 문법이 쉬워진다. 입시공부에서 문법 문제는 '두 가지 선택지를 대조하여 그중 어법에 맞는 하나를 고르는 문항'이거나, '지문 중 다섯 부분에 체크해 둔 다음 어법에 맞지 않는 것을 고르는 문항'으로 출제된다.

전자의 경우 대개 일정한 패턴을 가지고 있다. 가령, 현재분사와 과거분사를 함께 제시하거나, 관계대명사 that과 what을 함께 제시하거나, 형용사와 부사를 함께 제시하는 등 일정하게 함께 묻는 제시어가 있다. 이것은 아이들이 알아야 하는 문법의 핵심 포인트가 일정한 패턴 안에 모두 녹아 있다는 것을 의미한다. 때문에 두 가지 선택지가 있다면, 과연 무엇을 묻고자 하는지를 미리 파악하여 문제를 풀 수 있어야 한다. 여기까지 말하면 아이들은 "그 많은 패턴을 언제 다 정리해요"라며 투덜댄다. 하지만 사실 패턴의 수는 결코 많지 않다. 매번 비슷한 패턴의 문제가 단어만 바뀌어서 출제되기 때문에 많다고 느껴질 뿐이다. 문제를 풀 때마다 처음 보는 패턴이 등장하면 하나씩 정리해 두면 된다.

후자의 경우도 마찬가지다. 문제상으로는 함께 묻는 두 가지의 제시어가 드러나 있지는 않지만, 이 역시도 다른 하나는 이면에 감추어져 있을 뿐 두 제시어를 대조하는 패턴은 같다. 패턴을 익히게 되면 문제를 봤을 때 그 출제의도가 보이기 시작한다.

구문 분석이 없는 암기는 의미가 없다

문장 암기를 힘들어하는 아이들은 대부분 구문 분석은 제대로 하지 않고 무작정 암기만 하려는 경우가 많다. 그러나 문장의 구조를 이해하고 있으면 문장을 암기하는 것이 한결 수월해진다.

분사구문의 구조를 활용한 문장이 제시되었다고 할 때, 분사구문의 구조를 이해하고 있다면 굳이 문장을 통째로 암기하지 않아도 쉽게 외울 수 있다. 가령, '(나)는 (빵)을 (먹)(는)다'라는 문장의 구조를 알고 있다면 여기에서 주어를 바꾸거나, 목적어를 바꾸거나, 동작의 내용을 바꾸는 것은 그리 어려운 일이 아니다.

중고등학교 입시공부에서 영어는 본문을 통째로 암기한다는 것이 사실상 불가능하다. 학년이 올라갈수록 공부해야 할 내용이 무척 방대해지기 때문이다. 그러므로 문장의 구조를 완벽하게 파악하는 길이 답이다. 먼저 제시된 모든 문장의 구문을 철저하게 분석한 뒤에 암기를 진행할 수 있도록 한다.

한글 해석본에 집중하라

영어 시험은 범위 안에 제시된 지문들을 얼마나 정확하게 이해하고 암기하고 있느냐로 성적이 갈린다. 그런데 구문 분석 뿐만이 아니라 글의 내용조차 제대로 이해하지 않고 무작정 암기로 들어가는 아이들이 있다. 이러면 글의 내용을 정확하게 모르기 때문에 지문을 암기하는 데 더 많은 시간이 소요된다. 지문 암기에 들어가기 앞서, 한글 해석본에 대한 철저한 분석을 통해 글을 먼저 이해하는 게 좋다. 해석본을 여러 차례에 걸쳐 읽다 보면 그 내용이 자연스럽게 머리에 정리되면서 영어 지문이 한결 쉽게 정리된다. 한글 해석본을 분석할 때는 국어 지문을 분석하듯이, 문단별로 내용을 정리하면서 전체적인 글의 흐름을 파악하는 것이 중요하다.

서술형 작성 시 주의해야 할 것

시험이 끝난 아이가 분명 96점을 받았다고 했는데 막상 나중에 실제 성적표를 가져오면 성적이 86점으로 바뀌어 있는 경험을 한 적이 있을 것이다. 물론 혼이 날까 거짓말을 하는 아이도 있겠지만 꼭 그게 아닐 수도 있다. 처음에 한 가채점 점수와 실제 성적에는 얼마든지 차이가 날 수 있기 때문이다. 특히 영어 시험에서는 유독 가채점 점수와 실제로 받은 점수에 차이가 많이 생긴다. 이유는 서술형 감점 때문이다. 영어 시험 서술형은 아이들에게 문장을 쓰게 하는 경우가 많은데, 문장을 쓰다 보면 항상 실수가 발생한다.

주로 실수가 많이 발생하는 부분은 동사다. 다른 단어와 다르게 동사는 활용이 가능하기 때문에 그 형태가 바뀔 수 있는데, 아이들이 그 형태 변화를 생각하지 못하고 자주 실수를 하는 것이다. 이와 같은 실수를 방지하기 위해서는 서술형을 작성할 때 다음의 세 가지 사항을 항상 확인해야 한다. 첫째는 수의 일치, 둘째는 시제, 셋째는 능동과 수동이다. 평소 문제집의 문제를 풀 때도 영어 문장을 쓰게 되면 반드시 동사에 밑줄을 긋고, 이 세 가지를 확인하는 습관을 들여야 한다.

또 하나는 관사의 문제다. 동사 문제에서 형태의 변화를 놓치는 실수가 잦다면 관사 문제는 빠뜨리고 쓰는 실수가 많다. 평소 본문을 공부할 때 관사에 미리 표시를 해두는 습관을 들여 대비를 해야 한다. 고작 'a(n)' 하나 안 쓴 게 뭐가 그리 큰 문제냐고 반문하는 아이들도 있지만, 관사 하나 때문에 그 문장은 비문이 될 수 있다. 서술형 작성 시에는 반드시 동사와 관사에 대해 확인해야 한다.

수학

공식은 암기하는 것이 아니라 증명하는 것이다

수학 공부를 시작하는 아이들이 가장 먼저 해야 할 일은 공식 증명이다. 이 공식이 왜 이렇게 나왔는지에 대한 이해가 제일 중요하다. 피타고라스의 정리가 왜 그렇게 나올 수 있는지에 대해 이해하고 문제를 푸는 것과 그냥 공식을 암기하는 것의 차이는 곧 이 공식을 활용할 수 있느냐, 없느냐의 차이와 같다. 사실 공식만 암기해도 개념 문제는 충분히 풀 수 있지만 이렇게 공부하면 응용 문제에 접근하지 못한다. 해당 공식이 왜 그렇게 나오는지 모르기 때문에 조금만 응용한 문제가 나오면 전혀 새로운 문제처럼 보이는 것이다.

그러므로 반드시 공식에 대한 이해를 한 후에 그 공식에 대한 정의와 과정을 암기해야 한다. 그런 다음 개념, 심화 문제를 유형별로 정리하면서 체계적으로 접근한다면 문제풀이가 훨씬 쉬워진다.

수학의 키는 오답체크에 있다

모든 과목에서 오답체크가 중요하지만 특히 수학은 더욱 그렇다. 간혹 문제집을 많이 푸는 것에 집착하는 아이들이 있다. 그러나 본인이 어떤 부분에서 오류가 있는지 파악하지 않고 문제만 많이 푸는 것은 의미가 없다.

아이들은 오답체크를 할 때, 자신이 쓴 식과 답이 틀리면 모두 지우고 새로운 식과 답을 쓴다. 그리고 답을 맞히면 문제에 세모 표시를 한다. 이렇게 하면 나중에 다시 볼 때 틀렸던 문제라는 것은 확인할 수 있지만, 어떤 부분에서 오류가 있었는지 아는 것은 불가능하다. 틀린 문제의 식과 답은 자신의 오류를 스스로 확인하기 위해 보존해야 할 증거와 같다. 오답체크를 할 때는 이전에 썼던 식을 지우지 말고 오류가 있는 부분을 표시한다. 그런 다음 빈 공간에 어느 부분에서, 왜 틀렸는지에 대해 코멘트를 달아 놓는 습관을 들여야 한다. 그래야 틀린 내용을 다시 확인하고 같은 실수를 반복하지 않는다. 실제 수학에서는 틀린 식이 더 많은 도움이 될 수 있기 때문에 틀린 식과 그에 대한 자신의 분석을 써놓는 것이 좋다.

생각하는 힘을 기르자

'수포자'라는 말이 있다. 수학을 포기한 아이라는 뜻이다. 이런 아이들은 보통 문제를 읽어도 도무지 어떻게 풀어야 할지 몰라 문제에 손도 대지 못한다. 물론 저학년 때는 학습 내용이 어렵지 않기 때문에 한두 문제를 모르는 것에 그칠 수 있지만, 고학년으로 올라갈수록 모르는 문제가 점점 더 많아진다. 보통 고학년으로 갈수록 수학을 어려워하는 아이들은 저학년 때부터 모르는 문제를 만났을 때 도전해 보지 않거나 곰곰이 생각하지 않고 그냥 넘겨 버렸을 가능성이 크다.

우리나라 아이들의 문제집에는 다른 나라에서 결코 볼 수 없는 특별한 표시가 있다. 바로 별 모양이다. 우리나라 아이들은 문제가 어려워서 못 풀 때, 흔히 문항 번호 위에 별 모양의 표시를 한다.

처음 별 문화(?)의 시작은 문제를 풀면서 이렇게도 해보고, 저렇게도 해보다가 정말 답을 찾지 못할 때 표시해 두는 용도였다. 그런데 요즘 아이들은 다르다. 아이의 문제집을 잘 살펴보면 조금이라도 복잡해 보이는 문제거나 혹은 어려워 보이는 문제, 서술형 같은 작성하기 귀찮은 문제에 별 모양 표시가 등장한다. 한마디로 문제를 풀지 않기 위한 회피용 도구가 되어 버린 것이다. 결국 이런 아이들은 실제 시험에서 어려운 문제를 접했을 때 전혀 손도 대지 못한다. 생각해야만 풀 수 있는 문제들을 그동안 계속 회피해 왔기 때문이다.

수학을 공부할 때, 아이들은 계속해서 생각하는 연습을 해야 한다. 일단 문제집에 빈칸은 없어야 한다. 설령 틀린 식이라도 괜찮으니 항상 접근하려는 노력을 해야 한다. 정말로 접근을 못할 것 같다고 판단이 되면 해설지를 활용하는 것이 좋다. 해설지를 보는 것이 나쁜 것만은 아니다. 자신이 스스로 공부를 해나가는 데 있어 도움이 될 수 있다면 적극적으로 이용하는 편이 좋다.

해설지를 볼 때는 제시된 식을 한 줄씩 참고하며, 그 뒷부분의 식을 이어갈 수 있는지 확인하면 된다. 한 줄을 보고, 그 뒤를 스스로 이어갈 수 있다면 거기까지만 보고 뒤의 식을 스스로 작성해 본다. 혹은 한 줄을 봤는데도 감을 잡기 어렵다면, 그다음 줄을 봐도 좋다. 계속 보다가 한두 줄만 남겨 놓은 상태에서 해결해도 좋으니, 일단 조금이라도 생각하려는 힘을 기르려는 노력이 중요하다.

시간 연습은 매일 하고 있어야 한다

수학 시험 때, 시간이 모자라서 문제를 제대로 못 풀었다고 말하는 아이들이 있다. "시간 연습은 하니?"라고 물으면 아이들은 대부분 "학원에서 시간 재면서 풀어봤어요"라고 말한다.

운동선수가 대회에 나가기 전에 단 한 번의 연습만으로 좋은 성적을 거두는 것이 가능할까? 시험 전에 한두 번 시간을 재고 푼다고 해서 시험 때 제시간 안에 문제를 풀 수 있는 것은 아니다. 시간 연습은 항상 하고 있어야 한다.

보통 아이들이 수학 문제를 풀 때는 학원이나 과외 숙제로 푸는 경우가 많기 때문에, 시간을 체크할 겨를이 없다. 이런 경우 시간 연습을 하고 싶다면, 한 문제당 풀어야 하는 시간을 정하고 문제를 푸는 연습을 하는 것이 좋다. 학교 시험 시간과 학교에서 출제하는 수학 문항의 수쯤은 알고 있으므로 그것을 고려하여 연습하면 된다. 가령, 하루에 풀어야 하는 문제 수가 50문제고 한 문제당 3분으로 시간을 정해 놓았다면, 총 150분의 시간을 체크하면서 문제풀이를 하는 것이다. 난이도에 따라 문제 푸는 속도가 달라지지만 평균적인 시간을 정해 놓으면, 매일 문제를 풀면서 시간 체크를 할 수 있다. 연습은 한두 번으로 부족하다. 매일 연습하고 있어야 실전에서 빛을 발할 수 있다.

배운 내용을 누적 복습하라

수학은 나선형 구조다. 이전 학년에 배운 내용은 다음 학년에 심화된 내용으로 다시 나온다. 그렇다 보니 이전의 내용이 정확하게 정리되어야 다음 내용을 받아들이기가 수월하다.

그런데 많은 아이들이 당장 시험에 해당하는 범위만 공부하다가 전체적인 틀을 놓쳐 버리는 경우가 많다. 심지어 고등학교 2~3학년 때 중학교 수학을 다시 보는 경우도 있는데, 이런 아이들은 시간만 허락된다면 다시 중1 과정부터 공부하고 싶다고 말한다.

중간고사, 기말고사에 치여 그때그때 공부만 하게 되면 전체적인 틀을 보지 못한다. 방학이 되면 선행을 나가는 것에만 집중하지 말고, 반드시 이전 학기 수학에 대한 복습을 다시 한 번 진행하는 것이 좋다. 복습은 다음 학습 내용을 조금 더 수월하게 공부할 수 있는 자양분이 되기 때문이다.

사회, 과학

완벽한 암기를 위해 목차를 정리하자

사회, 과학은 암기 과목이다. 이해를 하는 것은 물론이고, 그 내용도 정확히 암기하고 있어야 문제를 풀 수 있다. 하지만 어떻게 이 많은 내용을 완벽하게 암기할 수 있을까?

세부적인 내용을 먼저 암기하려고 하면 모든 내용을 완벽하게 암기할 수 없다. 이럴 때는 차라리 목차를 외우는 것이 도움이 된다. 사회나 과학의 경우 교과서는 줄글로, 자습서는 요점 위주로 구성되어 있다. 따라서 자습서에 나와 있는 요점의 목차를 따로 정리해 두어야 한다. 대략 소주제 하나의 목차를 A4용지 한 장에 정리한다. 보통 시험 범위가 소주제 약 6~7개라고 한다면 A4용지 6~7장에 정리하면 된다. 그런 다음 목차를 먼저 암기한다. 내용의 체계를 미리 머릿속에 정리한 뒤에 그 내용을 암기하는 것이다. 초등학교 때는 교과서의 분량이나 시험 범위가 적어서 마음먹고 외우면 충분히 가능하지만, 수능에서는 과목당 책 한 권 이상이 모두 시험 범위에 속한다. 그러므로 체계를 정리하지 않으면 결코 모든 내용을 암기할 수 없다.

교과서의 모든 자료를 정리하라

시험을 준비할 수 있는 시간이 별로 없을 때, 많은 아이들이 자습서의 요점을 보는 데 시간을 투자한다. 그러나 이럴 때일수록 오히려 교과서의 자료들을 확인한다면 훨씬 더 높은 점수를 얻을 수 있다. 사회나 과학에서는 그래프, 지도, 사진 등 교과서에 수록되는 시각 자료가 매우 중요하다. 이 자료를 해석하여 답을 이끌어 내는 문제를 주로 출제하기 때문이다. 내용을 암기하는 데만 집중한 나머지 이 자료들을 놓친다면 높은 점수를 받기가 힘들다.

그러므로 공부를 다 끝낸 뒤에는 반드시 시각 자료 위주로 다시 한 번 내용을 정리해야 한다. 정리를 할 때는 교과서에서 제시된 자료 바로 밑에, 해당 자료의 제목과 그 자료가 나타내는 의미에 대해 간략히 적어 놓는다. 의미를 정리할 때는 해당 범위의 내용과 엮어서 정리하는 것이 핵심이다.

보지 않고도 말할 수 있어야 한다

결국 공부는 내용을 보지 않고도 술술 말할 수 있는 단계까지 진행되어야 한다. 공부를 마쳤다고 하는 아이에게 책을 보지 않고 공부한 내용을 말하도록 시켜 보자. 아마 대부분 아이들이 제대로 설명하지 못할 것이다. 내용을 반복해서 읽었거나 문제만 풀었기 때문이다. 보지 않고도 말할 수 있는 수준이 되려면, 앞에서 미리 만들어 놓은 목차를 보고 옆의 내용을 술술 말할 수 있는 정도로 암기를 반복해야 한다. 만일 생각이 정 나지 않으면 책을 다시 확인하고 말해 보는 것을 반복한다.

인터넷 강의 활용법

저학년 때부터 학교 수업을 따라가지 못하고 뒤처진다면, 학년이 올라갈수록 만회하는 것이 쉽지 않다. 보통 교과의 내용은 이어지도록 구성되어 있는데, 어느 한 부분에서 문제가 생기면 뒤에 이어져 나오는 내용을 이해하는 데 어려움이 생기기 때문이다.

사회나 과학의 경우, 아이가 학교 수업 내용을 어려워한다면 인터넷 강의를 활용해 보는 것을 추천한다. 이때 주의해야 할 점은 모든 강의를 다 들을 필요가 없다는 것이다. 공부를 하면서 이해가 잘 되지 않는 부분이 있다면, 이 내용에 대한 강의만 들어도 충분하다. 다만 강의를 듣기 전에 스스로 충분히 고민해 보고, 어려운 부분을 확실하게 숙지한 후에 강의를 듣는다면 훨씬 효율적으로 인터넷 강의를 활용할 수 있을 것이다. 인터넷 강의를 들을 때는 속도를 조금 빠르게 조절해서 들으면 시간을 절약할 수 있다.

기타 과목

기타 과목은 쓸데없다?

기타 과목은 중요하지 않으니 굳이 공부하지 않아도 된다는 아이들이 꽤 많다. 물론 주요 과목에 비해 그 중요도가 낮긴 하지만 기타 과목도 엄연히 학교에서 이수해야 하는 과목들이다. 또한 대입 수시 학생부 전형의 경우, 전 과목의 성적을 보기 때문에 섣불리 어떤 과목이 중요하거나 중요하지 않다고 말할 수 없다.

특히 초등학교 때부터 기타 과목을 금세 포기해 버리는 습관이 생긴다면, 향후 장기간 공부해 나가야 하는 중고등학교 입시공부에 악영향을 끼친다. 장애물이 있을 때마다 쉽게 포기하는 마음을 갖게 하기 때문이다. 그러므로 어릴 때부터 모든 과목을 성실하게 공부해 나갈 수 있는 연습을 하는 것이 중요하다.

수업 시간에 공부의 반을 해결하라

막상 시험 기간이 되면 기타 과목은 애물단지가 되고 만다. 주요 과목을 공부할 시간도 빠듯한데 기타 과목까지 하려면 굉장히 부담이 되는 것도 사실이다. 보통 이렇게 되면 아이들은 기타 과목을 포기하기 시작한다.

기타 과목은 수업 시간 안에 해결해야 한다는 마음으로 공부하는 것을 추천한다. 수업을 제대로 듣고 필기만 잘 해두면 시험 기간에 따로 시간을 들이지 않아도 된다. 최소한 핵심 개념은 수업 시간 안에 바로 외운다는 마음으로 공부하고, 평소 쉬는 시간에는 필기를 다시 한 번 정리해 두는 것만으로 좋은 성적을 받을 수 있을 것이다.

09 시험 기간 한 달 집중 공략법

시험 전에 반드시 이것만은 체크하라

시험지 분석

시험 대비에 들어가기 전에 가장 먼저 해야 할 일은 바로 지난 시험에 대한 분석이다. 특히 직전 시험은 자신의 현 주소를 파악할 수 있는 가장 정확한 지표가 될 수 있다. 시험지 분석을 통해 알 수 있는 것은 크게 두 가지다.

먼저 과목별, 선생님별 출제 스타일을 파악할 수 있다. '이 선생님은 교과서의 팁에 나와 있는 자잘한 설명에서 자주 출제하는구나' 혹은 '이 선생님은 교과서보다는 보충 교재에서 문제를 많이 출제하는구나' 혹은 '이 선생님은 암기보다는 이해를 굉장히 중요하게 생각하는구나' 등이다. 이런 분석을 해놓으면 다음 시험에서는 그 부분을 신경 써서 볼 수 있다.

더욱 중요한 것은 자신의 부족한 부분을 파악할 수 있다는 점이다. 어떤 내용을 덜 공부했는지, 문제나 보기를 잘못 읽는 실수를 얼마나 자주 하는지, 왜 문제를 제대로 이해하지 못했는지, 왜 유독 계산 문제에서만 실수를 하는지, 왜 매번 시간이 부족한지 등 자신의 문제를 정확하게 파악해야 해결책을 찾을 수 있다.

하지만 아이들은 이전에 본 시험은 거의 신경 쓰지 않고, 항상 다음 시험을 잘 볼 준비만 열심히 한다. 부족한 부분을 점검하여 수정하지 않은 채 다시 똑같은 방식으로 시험 준비를 시작하는 것이다. 그러니 자꾸 같은 유형의 실수를 반복하게 된다. 시험 대비에 들어가기 전에는 반드시 시험지 분석을 통해 그 보완점을 찾고 학습을 진행해 같은 실수를 반복하지 않도록 사전에 예방해야 한다.

교재 정리

시험이 끝난 아이의 문제집을 한 번 들여다보자. 풀지 않은 문제가 수두룩한 문제집도 있고, 문제는 풀었는데 채점이 안 되어 있는 문제집도 있고, 서술형은 아예 빈칸인 문제집도 많다. 마음이 급하고 정리가 안 되니까 이 문제집, 저 문제집에 손만 대놓은 것이다. 한 번 푼 문제집은 반복학습이 반드시 두 번 이상 이루어져야 한다. 그래야 그 내용을 진짜 자신의 것으로 만들 수 있다. 시험 대비를 시작하기 직전에 이번 시험 기간에 봐야 할 교재들을 미리 정리해 두고, 순차적으로 공부를 진행해야 안정적으로 공부해 나갈 수 있다.

당연히 기본 교재는 교과서와 필기 노트, 수업 시간에 나누어 주는 학습 프린트 등이다. 어쨌든 시험 출제자는 학교 선생님이기 때문에 수업 시간에 배운 내용에 가장 충실해야 한다. 그리고 기본 공부가 다 끝난 상태에서 문제풀이에 들어가야 한다. 물론 문제집에도 우선순위가 있다. 해당 교과서 출판사와 같은 자습서와 평가 문제집을 가장 먼저 공부해야 한다. 이유는 교과서의 의도를 가장 잘 파악하고 있고, 그에 부합하는 문제들이 출제되기 때문이다. 그리고 이 교재들의 공부가 완벽하게 끝났을 때 기출 문제집을 푼 다음, 실제 학교에서 출제된 기출 문제를 풀어 볼 필요가 있다.

학교 기출 문제를 풀 때는 똑같은 문제는 출제되지 않기 때문에 그 문제를 공부한다기보다 유형 파악에 조금 더 신경을 쓰는 것이 좋다. 또한 한 과목의 선생님이 두 명인 경우, 다른 선생님의 수업을 듣는 반 친구의 필기를 참고로 활용할 필요가 있다. 내용 이해에 도움이 될 수 있는 추가적인 내용이 있으므로 반드시 확인하고 넘어가야 한다.

시험 한 달 전 1~4주차 공부법

대부분 아이들은 보통 시험 기간을 3~4주 정도로 잡고 시험 대비에 들어간다. 문제는 나름 여유 있게 시작했다고 생각했는데도 항상 시간이 부족하다고 느낀다는 것이다.

그 이유는 간단하다. 시험 기간에만 공부를 하기 때문이다. 시험 기간에 아무리 열심히 공부해도 시간이 부족하다면, 결국 해답은 시험 기간이 아닌 때도 공부하는 것이다. 앞서 말한 1~6차 패턴 학습을 통해 적은 시간을 투자하여 당일 배운 내용을 그날 바로 공부해 둔다면, 시험 기간을 조금 더 안정적으로 보낼 수 있다. 또한 학년이 올라갈수록 시험 범위와 공부해야 할 분량이 급격하게 증가하기 때문에, 시험 기간만으로는 공부하기가 어렵다.

앞으로 이야기할 시험 대비 4주 계획은 매일 학습이 이루어졌다는 전제하에 적용하도록 설계되었다. 그것이 결국 최고의 성적을 얻을 수 있는 가장 간단한 해법이기 때문이다.

1주차: 지난 한 달 진도 총정리

일반적으로 시험 전에는 약 두 달 정도의 시간이 주어진다.

첫째 달은 학습 패턴에 따라 당일 배운 내용을 그날 바로 정리하는 것을 목표로 공부한다. 그리고 본격적으로 시험 대비에 들어

MON	TUE	WED	THU	FRI	SAT	SUN
1	2	3	4	5	6	7
				1주차: 지난 한 달 진도 총 정리		
8	9	10	11	12	13	14
				2주차: 요일별/과목별 진도+암기		
15	16	17	18	19	20	21
				3주차: 요일별/과목별 진도+암기+실전 문제풀이		
22	23	24	25	26	27	28
				4주차: 시험 날짜에 맞춰 대비		
29	30	31	시 험 기 간			

가는 둘째 달 첫 주에는 지난 한 달간 복습한 내용을 다시 한 번 총 정리한다. 한마디로 중간 정산을 하는 셈이다. 대부분 학교에서 시험 전날까지도 진도를 계속해서 나가기 때문에, 공부를 어느 정도 미리 해두지 않으면 시험 범위를 다 공부하지 못하게 될 수도 있다.

월요일에는 국어, 화요일에는 영어, 수요일에는 수학 등 요일별로 한 과목을 지정하여 한 달간 배운 모든 내용을 모아서 다시 공부한다. 주말에는 시간적 여유가 더 있으므로 두세 과목 정도를 지정하면 된다. 이렇게 공부하면 하루에 한 과목만 공부하는 셈이므로 심리적인 부담이 적다. 뿐만 아니라 처음 한 달 동안 나가는 진도가 생각보다 많지 않기 때문에 두세 시간이면 충분히 공부할 수 있다.

먼저 당일 복습과 주말 복습을 통해 공부한 교재들을 정리한다. 여기에는 학교 교재(교과서나 프린트, 부교재 등)와 단권화 교재, 정리 노트, 기타 문제집 등이 있을 것이다. 다만, 학교 교재의 내용들을 단권화 교재에 모두 정리해 놓았다면 단권화 교재를 중심으로 공부한다. 만약 단권화 교재를 따로 만들지 않고 학교 프린트나 부교재 등에 단권화 작업을 해놓았다면, 그 교재를 공부해도 된다. 공부할 때는 내용을 정독하면서 다시 한 번 이해와 암기를 점검한다. 그 후 핵심 내용이 정리되어 있는 노트에서 보완해야 할 내용이 없는지 확인한다. 내용적인 면에서 공부가 끝났다면, 그동안 풀었던 모든 문제들을 정답, 오답에 관계없이 모두 다시 풀어 본다. 이미 답이 적혀 있어도 괜찮다. 이때는 문제를 푸는 것이 아니라 분석한다는 마음으로 모든 보기에 동그라미 혹은 엑스 표시를 한다. 만일 적절하다면 그에 대한 근거를, 적절하지 않다면 그에 대한 근거를 하나씩 따져 가면서 문제를 분석하면 된다. 그리고 문제를 분석할 때 중요하다고 판단되는 내용들은 단권화 교재와 노트에 다시 정리해 둔다.

2주차: 요일별/과목별 진도 + 암기

2주차 시험 대비에 들어가기 전에 고려해야 할 사항이 있다. 학교에서는 계속해서 진도를 나아가고 있으므로, 새로운 진도에 대한 당일 복습과 시험 대비를 동시에 진행해야 한다.

2주차 역시 다시 요일별로 한 과목씩 지정하여 공부하면 되는데, 방금 말했듯 지난 일주일 동안 새로 나간 진도를 먼저 공부해야 한다. 새로 나간 진도에 대한 공부는 1주차의 공부와 같은 수준으로 만들면 된다. 그리고 새로운 진도까지 공부를 마쳤다면, 본격적으로 2주차 대비에 들어간다. 2주차에 집중해서 해야 할 일은 암기다. 시험 문제는 크게 세 종류다. 이해 자체를 묻는 문제, 이해한 내용을 암기했는지 묻는 문제, 이해하고 암기한 내용을 다양하게 활용할 수 있는지 묻는 문제. 물론 이해가 가장 중요한 기반이지만, 정확한 암기의 과정을 거치지 않으면 고득점을 얻기 어려운 구조다. 또한 시험에 임박하여 암기를 시작하면 여러 번 반복할 시간이 부족하여 완벽한 암기가 어렵기 때문에 2주차가 되면 본격적으로 암기를 시작한다.

암기할 때 중요한 것은 반드시 말로 해보거나 써봐야 한다는 것이다. 아이들이 내용을 머릿속에 넣어 두고만 있다가 막상 서술형 답안을 작성할 때 내용이 잘 정리되지 않아 당황하는 경우가 많다. 때문에 암기를 할 때는 이 내용이 서술형으로 나온다면 문제가 어떻게 출제될 것 같은지, 답안을 어떻게 작성하면 좋을지 등을 상상하면서 연습할 필요가 있다.

또 하나 당부하고 싶은 것은 암기의 방향이다. 가령, '어떤 물질 1kg의 온도를 1℃ 높이는 데 필요한 열량을 비열이라고 한다'는 문장이 있다고 치자. 그러면 아이들은 '어떤 물질 1kg의 온도를 1℃ 높이는 데 필요한 열량은?'이라는 질문에 '비열'이라고 대답할 준비를 한다. 그러나 정말 완벽한 공부를 하고 싶다면 '비열은?'이라는 질문에 '어떤 물질 1kg의 온도를 1℃ 높이는 데 필요한 열량'이라고 대답할 준비를 해야 한다. 암기는 긴 내용을 짧게 답하는 것이 아니라 짧은 내용을 길게 답하는 방향으로 해야 하는 것이다. 공부가 너무 쉽게 된다는 것은 그만큼 공부를 안 하고 있다는 의미임을 명심하자. 암기가 어려운 부분은 다시 한 번 확인할 수 있도록 미리 체크해 둔다.

3주차: 요일별/과목별 진도 + 암기 + 실전 문제풀이

3주차 역시 다시 요일별로 한 과목씩 지정하여 공부하면 되는데, 지난 일주일 동안 새로 나간 진도를 먼저 공부한다. 새로 나간 진도에 대한 공부는 1~2주차의 공부와 같은 수준으로 만들면 된다. 새로운 진도까지 공부를 마쳤다면 다시 한 번 암기를 확인한다. 2주차 때 암기하기 어려웠던 부분을 참고하여 그것을 위주로 다시 한 번 암기한다.

암기를 확인한 후에는 실전 문제풀이에 들어간다. 이미 진행된 교재들 외에 문제집 한 권을 선정하여 처음부터 3주차까지 진도가 진행된 부분을 진짜 시험인 것처럼 한 번에 푸는 것이다. 문제를 다 풀었으면 채점을 한 다음 틀린 문제에 대한 오답체크를 한다. 체크를 한 뒤에는 해당 부분에 대해 다시 한 번 공부하고 넘어간다. 꼭 문제집을 한 권만 풀 필요는 없지만 시간을 고려하여 자신에게 맞게 진행하면 된다.

4주차: 시험 날짜에 맞춰 대비

4주차에는 시험 일정에 맞추어 공부할 과목을 결정한다.

월	화	수	목	금	토	일
1	2	3 1일차 대비 국어, 영어	4 4일차 대비 기가, 한문	5 3일차 대비 수학, 도덕	6 2일차 대비 사회, 과학	7 1일차 대비 국어, 영어
8 시험 1일차 국어, 영어	9 시험 2일차 사회, 과학	10 시험 3일차 수학, 도덕	11 시험 4일차 기가, 한문	12	13	14

다음에서 보듯이 8일, 9일, 10일, 11일이 시험 기간이라면 그것을 역순으로 하여 7일에는 8일날 시험 볼 과목에 대한 공부를, 6일에는 9일날 시험 볼 과목에 대한 공부를, 5일에는 10일날 시험 볼 과목에 대한 공부를, 4일에는 11일날 시험 볼 과목에 대한 공부를 진행하면 된다.

이때 중요한 것은 3일에 다시 한 번 8일 시험을 준비할 수 있는 계획을 넣어 두는 것이다. 이유가 있다. 아이들이 시험 전날에 종종 이런 말을 하는 것을 들을 수 있다.

"하루만 더 있으면 시험 진짜 잘 볼 수 있는데…."

시험 전날에 막바지 공부를 열심히 하다 보니 항상 시간이 부족한 것이다. 그래서 정말 하루를 더 마련해 둔다. 시험을 준비할 수 있는 날을 '시험 바로 전날'과 '4주차에 역순으로 지정된 날'로 이틀을 지정한 후, 첫날에 마치 내일 시험인 것처럼 준비를 하고, 실제 하루를 더 공부할 수 있도록 설계하는 것이다. 예컨대 9일날 시험 보는 과목이 사회와 과학이라면, 6일에는 다른 과목을 제외하고 수학과 사회 과목만 마치 내일 시험을 보는 것처럼 공부한다.

이때 먼저 그동안 풀었던 모든 교재들을 모아서 다시 한 번 전체적으로 오답 정리를 한다. 많은 문제집을 푸는 것보다 자신이 푼 문제집들을 정확하게 파악하고 있는 것이 중요하다. 그러므로 4주차부터는 새로운 문제집을 풀기보다 그동안 풀었던 문제집들을 중심으로 다시 한 번 내용을 점검하는 것이 좋다. 단권화 교재의 내용과 노트의 내용이 완벽하게 숙지되고 암기되었는지 확인한 다음 전년도 기출 문제 등으로 테스트를 해본다.

단, 기출 문제를 시험 바로 전날 풀게 되면 오답이 발생하게 될 경우 심리적으로 불안해질 수 있으므로 미리 풀어 보는 것이 좋다. 마지막 4주차에는 그간 배운 내용을 총 정리하면서, 다시 한 번 봐야겠다고 생각되는 부분이 있으면 메모지에 적어 자습서 첫 페이지에 붙여 둔다.

시험 전날

시험은 결국 집중력과 기억력의 싸움이다. 시험 시간에 누가 잘 집중하는지, 누가 공부한 내용을 잘 기억하는지에 따라 결과가 완전히 달라진다. 그런데 이 집중력과 기억력에 큰 영향을 미치는 요소가 바로 '수면'이다. 아이들은 시험 당일 새벽까지 공부한다. 심지어 밤을 꼬박 새우는 아이도 부지기수다. 시험 범위를 다 공부하지 못했기 때문에 일 분 일 초라도 더 공부하려고 하는 것이다.

그러나 시험 전날 충분한 수면이 이루어지지 않으면 정작 시험을 볼 때 문제가 생긴다. 분명히 어제 공부했던 내용임에도 불구하고 잘 기억이 나지 않는다거나, 급격한 피로감으로 시험에 오롯이 집중하지 못하는 것이다. 특히 중고등학교 때부터는 시험을 평균 3~5일 정도에 걸쳐 보기 때문에 전날 무리하게 늦게까지 공부하면 그다음 날 시험에 영향을 미칠 수밖에 없다. 그렇기 때문에 시험 전날에는 일찍 잠자리에 드는 편이 좋다.

시험 전날에는 4주차에 미리 적어 두었던 메모지 내용을 먼저 공부한 뒤, 전체적으로 내용을 다시 공부하도록 한다. 아무래도 자신이 어렵다고 생각하는 내용들을 미리 공부하게 되면, 전체적인 공부의 균형을 맞출 수 있기 때문이다. 또한, 학교 교재로 돌아가 미처 확인하지 못한 자료들은 없는지 확인한다. 이때 팁을 하나 주자면 해설지를 활용하는 방법이다. 문제집 해설지에는 각 문제에서 다루고 있는 주요 개념이 잘 설명되어 있다. 문제는 핵심적인 내용만 다루기 때문에 해설지에 설명되어 있는 개념들만 완벽하게 숙지해도 일정 수준의 점수를 얻을 수 있다.

시험 당일

시험의 성적을 결정짓는 요인 중 심리적인 부분을 결코 무시할 수 없다. 평소에는 성적이 곧잘 나오는 아이가 시험 때만 되면 유독 긴장하거나 실수를 저지른다면 시험 불안으로 심리적인 스트레스를 겪고 있는 것은 아닌지 확인해 볼 필요가 있다. 이런 유형의 아이들은 시험 때 조금 어려운 문제를 만나면 극도로 예민해지면서 다른 문제까지 제대로 풀지 못한다. 또, 시험을 보는 중간에도 계속 결과에 대한 걱정을 한다. 아무리 공부를 열심히 했어도 심리적 부담감을 해소하지 않으면 좋은 결과를 얻기 힘들뿐더러, 앞으로도 시험 불안 증세가 계속 이어질 확률이 높다.

그러므로 이런 아이들은 시험에 대한 부담과 욕심을 덜어 버리도록 옆에서 도와주어야 한다. 시험은 경쟁이 아니다. 공부한 내용에 대한 평가다. 시험 범위에 대해 완전하게 공부했다면 어차피 문제는 자신이 공부한 내용에서 나오는 것이다. 그렇기 때문에 시험을 잘 봐야겠다는 마음보다는 공부한 내용을 문제에 잘 적용하면 된다는 마음으로 시험에 임하는 편이 좋다.

또한 공부한 것보다 성적을 잘 받고 싶은 마음이 긴장감을 만드는 것인데, 자신이 공부한 만큼 성적을 받는 것이라는 기본적인 전제가 필요하다. 결국 시험을 상대적인 평가가 아니라 자신의 성취도를 평가하는 객관적인 평가로 바라보는 것이 불안감을 줄일 수 있는 방법이다.

✅ 사소한 실수를 하지 말 것

나는 아이들에게 시험 성적을 올리고 싶으면, 문제를 더 많이 맞힐 생각을 하지 말고 더 적게 틀릴 생각을 하라는 말을 많이 한다. 이 말의 의미는 아이들이 시험에서 저지르고 있는 실수만 줄여도 성적을 상당 부분 올릴 수 있다는 뜻이다.

아이들이 시험을 보고 왔을 때, 가장 많이 하는 말이 실수했다는 것이다. 실수란 조심하지 않아 잘못 행동하는 것인데, 문제는 아이들의 실수가 시험에만 국한된 것이 아니라는 것이다. 결국 아이들이 시험에서 저지르고 있는 실수의 상당수는 평소에도 저지르고 있는 실수다. 본인은 평소 공부할 때는 실수가 많아도, 시험에서는 그러지 않을 수 있다고 자신 있게 말하지만 평소 사소한 실수들은 고스란히 시험에서의 실수로 이어지게 된다. 그렇기 때문에 시험에서의 실수를 줄이는 것은 평소 문제 풀이에서의 실수를 줄여야 한다는 것을 명심해야 한다.

✔ 쉬는 시간 10분을 잡아라

시험이 끝나는 종이 울리면 아이들은 옹기종기 모인다. 서로의 답안을 맞춰 보기 위해서인데, 이는 절대 하지 말아야 할 행동이다. 아이들끼리 서로 맞춰 보는 것이기 때문에 답안이 부정확할 가능성이 높은데, 문제는 다른 아이들과 답이 다를 경우 마음의 심한 동요를 겪게 된다. 이는 10분 뒤 다음 시험을 치를 때 심리적 부담으로 작용할 수 있다.

또한 쉬는 시간 10분은 다음 시험을 준비할 수 있는 마지막이자 절호의 기회다. 암기가 까다로운 부분들을 10분 동안 다시 본다면, 시험이 시작된 즉시 그 내용을 시험지에 적어둠으로써 나름의 잔머리를 쓸 수 있다. 그런데 이 황금 같은 시간을 낭비한다면, 그것처럼 어리석은 일도 없다. 시험 당일 쉬는 시간 10분을 자신의 마지막 시험 대비 시간으로 삼고, 일 분 일 초라도 적극적으로 활용하는 것이 좋다.

✔ 시험이 끝난 후 채점하지 말 것

쉬는 시간에 친구들끼리 답안을 확인하는 것도 문제지만, 시험이 끝나고 정답이 공개되었을 때 채점하는 것도 금물이다. 최선을 다해서 시험을 봤지만 채점을 해보니 막상 생각보다 점수가 낮게 나오면, 아이들은 굉장한 실망감을 느낀다. 그런데 문제는 다음 날에도 시험 일정이 있는 경우, 당일 공부에 상당한 영향을 미칠 수 있다는 것이다. 머리로는 다음 시험을 준비해야 한다고 생각해도 심리적 동요가 쉽게 가라앉지 않을 수 있다. 또한 많은 부모들이 그날 받은 시험 성적으로 아이를 혼내는 경우가 있는데, 이것 역시 절대 하지 말아야 할 행동이다.

시험이 끝나면 무슨 공부를 해야 할까?

시험을 전후하여 아이들의 학습량은 큰 변화를 겪는다. 시험에 임박하기 전까지 휴업 상태였던 학습량은 굉장히 느린 속도로 서서히 증가하다가, 시험 하루 이틀 전이 되면 급격하게 증가한다. 시험 전날에 매일 이렇게만 공부했다면 전교 1등도 무리 없을 정도의 집중력이 발휘된다. 그러나 시험이 끝난 직후, 안타깝게도 최고조에 이르던 학습량은 다시 급하강하고 만다. 휴업 상태에 들어가는 것이다. 이후 다시 학습량이 증가하기까지는 상당한 시간이 소요된다.

이와 대조적으로 공부를 잘하는 아이들은 학습량에 기복이 없다. 시험이라서 공부를 더 많이 하거나 시험이 아니라서 공부를 더 적게 하는 것이 아니라, 항상 공부를 하고 있는 것이다. 예열 시간만 길고 실제 시동이 걸려 있는 시간은 짧은 비효율적인 공부가 아니다. 공부를 잘하는 아이들은 언제든지 출발할 수 있도록 이미 시동이 걸려 있는 공부를 하고 있는 것이다.

성적을 올리고자 하는 마음이 확실하게 있다면, 공부는 시험이 끝난 직후 다시 시작되어야 한다. 시험이 끝나면 아이들은 후반에 급격하게 몰아쳐서 공부한 탓에, 마치 자신이 굉장히 공부를 많이 한 것 같은 착각을 한다. 시험이 끝나고 하루 이틀 쉬다 보면, 며칠만 쉬고 공부하겠다던 마음은 온데간데 없어지고, 다시 일상으로 돌아간다. 그러나 조금씩이라도 매일 공부했던 아이들은 시험이 끝나자마자 다시 매일 같이 공부한다. 이런 아이들은 미리 조금씩 준비해 놓은 덕에 시험 기간을 전쟁처럼 보내지 않는다. 이러한 패턴으로 공부를 하니, 시험이 끝나도 바로 공부를 시작할 여유가 있는 것이다.

즉, 시험이 끝난 직후 하루 30분이라도 바로 공부를 시작하는 것이 상위권으로 가는 최선의 방법이다. 아이가 시험을 막 끝냈더라도 최소 하루 30분 동안 꾸준히 공부하도록 격려하자. 무엇이든 시작이 어렵지 일단 시작하고 나면 생각했던 것보다 어렵지 않다. 시험 기간에만 열심히 공부하는 아이는 매일 열심히 공부하는 아이를 절대 이길 수 없다. 성적을 올릴 수 있는 최고의 방법은 결국 매일 공부하는 것이다. 더군다나 시험 직후라면 더할 나위 없이 좋다. 아이 스스로도 시험이 끝난 뒤 바로 공부를 시작했다는 뿌듯함이 생길 수 있기 때문이다.

또한 시험이 끝나면 반드시 재분석을 해야 한다. 실제로 싸워

봐야 상대가 얼마나 강한지 알게 되는 것처럼, 시험도 겪어 본 후에 그 실체를 더 정확히 알 수 있다. 시험 재분석를 통해 아이와 함께 해야 할 일은 공부한 내용과 시험에 출제된 내용 사이의 차이에 대해 생각해 보는 것이다.

안타깝게도 많은 아이들이 시험을 보고 난 후 다음 시험은 더 잘 봐야겠다고 결심하면서도, 어떻게 더 잘 볼 것인지에 대해서는 생각하지 않는다. 그저 '다음에는 더 많이 공부해야지' 혹은 '실수를 줄여야지'라는 막연한 생각에 그칠 뿐이다. 이렇게 하면 결국 다음 시험에서도 이전 시험과 크게 달라지지 않은 결과를 얻고 만다. 그러므로 시험 재분석을 통해 학습 방향을 잘못 잡지 않았는지, 빠뜨리고 공부한 내용은 없는지, 출제 의도를 파악하지 못한 것은 아닌지 등 자신의 부족했던 점을 분석해야 한다. 또한 시험 준비 과정에서 부족했던 부분과 시험 시간에 부족했던 부분을 나누어 원인과 해결 방안에 대해서도 생각해야 한다. 그런 다음 그 내용을 시험지에 구체적으로 기록해 두었다가, 다음 시험이 다가왔을 때 다시 한 번 확인해야 한다. 이것이 바로 시험을 통해 자신의 시험력을 지속적으로 향상시키는 궁극의 비결이다.

수학과 영어는 절대 포기하지 마라

수학을 어려워하는 아이라면?

수학자이며 교육학자인 피아제는 이런 말을 했다.

"아이가 어느 날 갑자기 똑똑해지거나 자율적으로 행동하는 것은 아닙니다. 만일 부모가 강제적이고 권위적인 태도로 아이와 지내고(아이와 관련된 일인데 아이에게 선택권을 거의 주지 않는 일), 아이들의 사고의 특성을 이해하지 못하여 '지저분한 놀이', '쓸모 없는 물건 모으기', '곤란한 질문의 연속' 등을 허용하지 않으면, 결국 아이는 자기 주장을 할 수 없게 됩니다. 어떤 아이는 자신이 말을 적게 할수록 야단맞는 일도 적어진다고 생각하고 학습하기도 합니다. 사물을 만지거나 망가뜨리는 것을 겁내는 아이, 자기 생각을 잘 표현하지 못하는 아이는 정서적인 장애뿐만 아니라 지능적인 장애도 가지게 됩니다. 왜냐하면 사물을 느끼고 경험할 기회를 저지당하고 내적으로 자기 세계를 발달시킬 기회마저 박탈당했기 때문입니다."

태어나는 순간부터 계속 부모의 압력에 길들여진 아이가 어느 날 갑자기 자발적이고 자율적으로 행동할 수 있다고 생각해서는 안 된다. 아이들이 부모와 함께하는 일상의 모든 행위가 지능을 높이고 자립심을 키우는 데 밀접한 관계가 있다. 아이들은 부모의 수세기를 통해서 처음으로 수세기를 받아들인다. 또한 함수적 사고의 핵심인 대응 관계를 포함한 모든 수학적 사고의 핵심은 부모를 통해서 처음으로 배우고 발달하게 된다.

서커스에서 쇠사슬에 묶여 있는 코끼리를 본 적이 있을 것이다. 과연 코끼리가 그 쇠사슬을 끊을 힘이 없을까? 성인 코끼리는 발로 자동차도 납작하게 만들 정도의 힘이 있다. 당연히 쇠사슬 정도는 충분히 끊을 힘이 있다. 그런데 왜 코끼리가 쇠사슬을 끊지 않고 주인의 말을 들을까? 야생에서 어린 코끼리를 잡아다 쇠사슬을 끊을 힘이 없을 때부터 묶어두면 처음에는 쇠사슬을 끊기 위해 갖은 힘을 다 쓰다 나중에는 아예 포기해 버린다. 그 후 어린 코끼리가 자라서 쇠사슬을 손쉽게 끊을 수 있는 힘을 갖게 된 뒤에도 쇠사슬을 끊고 나갈 생각을 하지 않는다. 그렇게 평생 쇠사슬에 묶인 채 주인의 말을 들으며 살아가는 것이다.

아이들도 마찬가지이다. 부모가 수학에 대한 흥미와 자신감을 어릴 적부터 자극해 주지 않으면 아이는 평생 수학을 어려워할 것이다. 반대로 수학에 흥미와 자신감을 갖도록 도와준다면 아이는 평생 수학을 잘할 수 있을 것이다. 아이는 학교도 학원도 아닌 부모에게 가장 많은 것을 배운다.

잘할 수 있다고 격려하라

초등학교 4학년 지현이의 일이다. 지현이는 수학 경시대회를 치른 결과 총 네 문제를 틀렸기 때문에 아무 상도 못 받았다. 초등학생 아이를 둔 부모 대부분은 자신의 아이가 공부를 잘한다고 생각하기 때문에 누구를 만나든 항상 아이 자랑부터 한다. 지현이의 부모 역시 그랬다. 그런데 함께 경시대회에 출전한 다른 친구들이 상장을 받은 것과 달리 지현이는 틀린 시험지를 들고 집에 돌아가야 했다. 평소 학교에서 100점만 받던 아이인 터라 그날따라 유난히 지현이의 어깨가 무거워 보였다.

지현이는 엄마에게 틀림없이 혼날 것이라고 각오하고 겨우 시험지를 보여 드렸다. 그런데 엄마의 반응이 의외였다. 지현이 엄마는 전혀 화내는 표정도 없이 이렇게 말했다고 한다.

"잘했네, 다음번에는 더 잘해서 꼭 상을 받도록 해보자!"

만일 이때 지현이 엄마가 아이를 질책했다면 아이는 수학에 대한 흥미, 공부에 대한 흥미를 아예 잃어버렸을 수도 있다. 다행히

지현이는 더 열심히 공부해서 다음 해 경시대회에서 금상을 받았다. 아이들은 부모의 질책을 가장 두려워한다. 꾸중을 들으면 들을수록 학업에 대한 흥미를 잃기 쉽다. 그중에서도 아이들이 가장 버거워하는 수학 공부는 더 그럴 것이다.

세상에 공부를 못하고 싶어 하는 아이는 없다. 아이들이 점점 더 공부에서 멀어지게 하지 않으려면 부담스러운 꾸중보다는 언제나 더 잘할 수 있다는 따뜻한 격려의 말 한마디가 중요하다. 격려와 칭찬을 할 때 하지 말아야 할 내용은 '넌 참 머리가 좋아'라는 말이다. 머리가 좋다는 칭찬은 아이의 발전에 아무런 도움이 안 될 뿐더러 오히려 아이를 게으르게 만들 수도 있다.

약속을 반드시 지켜라

수학은 정의로부터 파생된 약속으로 이루어진 가상의 구조물이다. 약속을 지키는 습관은 수학을 잘하게 하는 데도 중요한 구실을 한다. 평소 약속은 반드시 지켜야 하는 것이라는 사고를 아이에게 심어주어야 한다. 아이들이 가장 많이 배우는 곳은 학교도 아니고 학원도 아니다. 바로 부모 즉, 집에서다.

아이가 약속 체계에 대한 중요성을 인식하지 못하면 수학의 기본적인 공식에 대한 적용에서도 원칙이 흔들릴 수 있다. 그러므로 절대로 아이들과의 약속을 어겨서는 안 된다. 부모들이 별 생각 없이 약속을 어기면 아이들은 자연스럽게 그러한 습성을 익히게 되고, 이 습성은 수학적 사고력의 발달에 장애가 된다. 나아가 성인이 되어서 사회 생활하는 데도 지장을 줄 수 있다.

게임을 즐겨라

어릴 때 보드게임이나 카드놀이를 즐기게 하는 것은 수학적 사고력을 생활 속에서 키우는 아주 좋은 방법이다. 게임이라는 것이 대부분 숫자를 전략적으로 잘 사용하는 사람에게 유리하게 되어 있고 게임의 규칙 속에서 승부를 보는 것은 수학의 규칙 속에서 문제를 푸는 것과 비슷한 구조를 가지고 있다. 또한 처음에는 익숙하지 않던 게임이 규칙을 완벽하게 익히면서 익숙해지는 것 역시 수학 공부와 유사한 구조를 지닌다.

중학생이 되면 수학은 아이들에게 밥과 같은 존재여야 한다. 밥은 매일 먹어야 하고 또 반드시 먹어야 한다. 즉, **중학생들은 수학 공부를 밥 먹듯 해야 한다는 뜻이다. 우리는 매일 일정한 양의 밥을 먹는다. 마찬가지로 수학 공부는 매일 매일 조금씩 해야 한다.** 수학을 몰아서 하려는 습관을 버리자. 학교에서 배운 양은 최소한 그 날에 반드시 소화할 수 있도록 공부하자.

수학에서 밥은 정상적인 풀이를 말한다. 편법이나 쉬운 해설은 햄버거나 피자 같은 것이다. 이런 것은 간식으로 먹어야지 주식으로 먹으면 안 된다. 수학에서는 원리와 식을 정확하게 아는 것이 중요하다. 쉬운 풀이와 편법 등으로는 수학 실력이 향상될 수 없다.

소리 내어 풀어보자

교육은 상구上求와 하화下化 활동을 통해 이루어진다고 말한다. '상구'란 위로 구하고, '하화'란 아래로 교화시킨다는 내용이다. 사람들은 이 말을 들으면 아이들은 상구 활동을 하고, 교사들은 하화 활동을 한다고 생각할지도 모른다. 하지만 상구와 하화 활동은 따로 이루어지는 것이 아니라 동시에 일어나는 것이다.

교사는 학생들을 가르치면서 스스로 배운다. 그 내용에 대해서 스스로 확립시켜 가는 것이다. 아이들도 상구와 하화 활동을 한다. 교사에게 배우면서 상구 활동을 하고, 발표나 토론 등을 통해 하화 활동을 하는 것이다. 이와 같은 상구, 하화 활동은 국어처럼 발표를 많이 하는 과목에서는 많이 이루어지지만 수학에서는 하화 활동이 잘 이루어지지 않는다.

수학을 공부하면서 하화 활동을 할 수 있는 가장 좋은 방법은 문제를 소리 내어 푸는 것이다. 수학 문제를 입으로 소리내면서 풀면 그 내용이 재정립된다. 소리를 내서 풀다 보면 어떤 과정이 자연스럽게 풀리는지, 또 어떤 내용이 어려운지 확실히 알 수 있다. 소리 내어 푸는 게 어색하다면 주위 친구에게 자신이 공부한 것을 가르쳐 주는 것도 좋은 방법이다. 집에 있는 동생을 가르치는 것도 좋다. 이처럼 아이가 남에게 무엇인가를 가르쳐 보는 것이 가장 확실하게 배울 수 있는 방법이다.

오답노트가 아닌 약점노트를 만들어라

사람은 완벽한 존재가 아니다. 누구나 잘 모르는 것이 있을 수 있고, 또한 실수를 할 수 있다. 그런데 문제는 누구나 실수한 데서 계속 실수하고, 잘 모르는 문제는 계속 모른다는 사실이다. 모든 과목이 그렇지만 수학의 경우 높은 점수를 받기 위해서는 잘 모르는 문제, 틀린 문제를 따로 모아서 정리해 놓아야 한다. 그래서 많은 학생들이 오답노트를 만든다.

하지만 수학이 약한 아이들은 더욱 효과적으로 공부하기 위해서 오답노트가 아닌 '약점노트'를 만들어야 한다. 그렇다면 약점노트는 어떻게 만들어야 할까? 오답노트를 만들다 보면 불필요한 문제도 들어가게 된다. 단순한 계산 실수나, 아는 문제인데 순간적으로 기억이 안 나서 틀린 문제 등이 그렇다. 이런 문제를 약점노트에 쓰는 것은 시간 낭비일 뿐이다. 약점노트는 말 그대로 자신이 취약한 문제를 정리해 놓는 것이다. 약점노트를 만들어 본 사람은 알겠지만 만들어 가는 과정이 꽤 시간이 많이 걸린다. 어떻게 하면 최소한의 시간으로 가장 효율적인 약점노트를 만들 수 있을까?

일단 모의고사를 보고 나면 바로 약점노트를 만들어야 한다. 그리고 학교나 과외 등의 수업이 끝나고 와서도 항상 그날 배운 중요한 부분이나 어려웠던 문제를 약점노트에 모으는 습관을 길러야 한다. 약점노트에는 문제풀이 전략이나 특별한 사항을 충실히 기록해야 한다. 문제풀이 과정을 잘 정리할 필요는 없다. 남이 풀어 놓은 풀이과정을 정리해 놓는 게 아니라 자기가 어려운 문제, 틀린 문제 혹은 배우면서 이 부분은 정말 중요하다고 생각한 문제를 모아두는 것이 약점노트다. 오려서 붙이건, 복사를 해서 붙이건 한 군데 모아 두는 것이 중요하다. 어디가 어렵거나 이해가 안 되었고, 어느 부분을 어떻게 이해했는지를 자기만의 언어로 문제를 해석해서 적어 두어야 한다.

이렇게 약점노트를 만들다 보면 자기만의 유형별 공식이 정리가 될 것이다. 문제집에는 너무나 많은 문제가 있어서 눈에 잘 들어오지 않지만 자신이 약한 부분을 모아 놓은 약점노트를 보면 한눈에 들어오기 때문에 효과적이다. 이렇게 정리된 유형별 공식은 성적과도 직결된다. 어떤 면에서 고액 과외보다도 약점노트의 적절한 활용이 더 효과적이라고 자신 있게 말할 수 있다. 이렇게 적어둔 약점노트는 모의고사나 중간 기말고사 전날에 꼭 봐야 한다. 이렇게 시험 전에 본 것은 시험 당일에 확실하게 기억할 수 있다. 일반적으로 아는 문제는 잘 틀리지 않는다. 모르는 문제, 기억이 잘 안 나는 문제를 모아서 시험 전날 확인하면 시험 날 큰 효과를 볼 수 있다.

앞 단어에서 단서를 얻어라

수학 문제를 푸는 것은 탐정이 사건을 해결하는 방식과 똑같다. 코난 도일의 '셜록 홈스 시리즈'를 보면 셜록 홈스는 사건을 해결할 때 항상 작은 단서 하나를 가지고 사건의 실마리를 풀어나간다. 셜록 홈스 시리즈를 읽을 때 이야기 속으로 빨려 들어가는 이유는 아주 작은 단서를 통한 유추가 너무나 논리적이고 체계적이기 때문이다.

수학 역시 너무나 체계적인 학문이다. 작은 단서 하나를 놓치면 문제를 풀 수 없다. 수학 문제는 항상 주어진 조건을 가지고 문제를 풀 수 있게 딱 맞추어져 있다. 문제에 필요한 조건보다 더 많이 주어지는 경우에는 불능(해가 없다)이 될 수도 있고, 필요한 조건이 더 적게 주어지면 부정(해가 무수히 많다)이 되는 경우가 있다. 물론 경우에 따라서 이런 부정의 성질을 이용한 부정 방정식이 있지만 이것은 특수한 경우이다.

여기서 문제를 위한 조건 가운데 핵심 정보가 되는 것은 항상 첫 단어이다. 첫 단어에는 항상 동그라미를 쳐놓고 확실하게 인식해야 한다. 첫 단어에 따라서 문제의 접근을 달리하여 문제를 쉽게 해결할 수 있는 것이다. 첫 단어가 '정수조건에서'인지 '실수조건에서'인지에 따라서 문제 풀이가 달라진다. 항상 첫 단어에 문제의 핵심 포인트가 숨어 있다는 사실을 명심하고, 난이도가 높은 문제일수록 첫 단어에 충실하지 않으면 삼천포로 빠져 잘못된 답 또는 전체 경우가 아닌 부분의 답을 구하는 경우가 발생한다. 수학 문제를 풀 때 항상 핵심은 첫 단어라는 것을 잊지 말자.

잘 풀리지 않는 문제는 옮겨 적어라

『어린 왕자』를 보면 이런 이야기가 나온다.

"어른들에게 그림 하나를 보여 준다. 언뜻 보면 모자 같다. 하지만 작가가 그린 그림은 모자가 아니라 보아구렁이가 코끼리를 삼킨 그림이었다. 그림을 투시한 모양으로 살펴보면 뱀 안에 코끼리가 있다. 모자처럼 보이는 그림의 안을 보아야만 보아구렁이라는 것을 알 수 있다. 이처럼 같은 그림이라도 어떻게 보았느냐에 따라 전혀 다르다."

수학 문제를 풀다 보면 어려운 문제를 종종 만나게 된다. 아이의 수학 실력에 따라 그 빈도는 다를 것이다. 수학을 좋아하고 잘하는 경우에는 가끔 어려운 문제를 만날 것이고, 수학이 힘든 학생은 조금 더 자주 보게 될 것이다. 물론 경우에 따라서 모든 문제가 어려운 아이도 있다. 어려운 문제는 다시 옮겨서 적어 보거나 그림으로 그려 보자. 옮겨 적는 과정에서 다시 한 번 해석할 수 있는 기회를 얻을 수 있다. 다시 한 번 안을 들여다볼 수 있는 계기가 주어지는 것이다. 그러다 보면 자신의 언어로 재해석되면서 문제를 해결하는 정보를 얻을 수 있다.

이것은 그림이 있는 문제에서 더 효율적이다. 그림이 있는 문제는 해당 그림을 반드시 그려 보는 게 좋다. 그림을 그릴 때에도 주어진 공간에서 가능하면 크게 그려라. 그래야 더 잘 볼 수 있다. 점이 어디서 만나는지, 선이 어떻게 만나는지 어느 좌표인지 하나하나의 정보를 확실하게 표시해야 한다. 그래야만 문제를 쉽게 풀 수 있는 정보를 얻을 수 있다. 수학은 가상의 구조물이다. 그림을 잘 그릴수록 가상의 것을 눈으로 확인하게 되는 것이다. 문제가 어려우면 펜을 놓고 문제를 한참 쳐다본 후 바로 그림을 그리는 것도 좋은 방법이다.

막히면 넘어가라

수학은 전략이다. 문제를 풀 때는 항상 전략적으로 해결해야 한다. 이중에 가장 중요한 것은 시간 안배다. 정해진 시간 안에 문제를 풀어야 하기 때문에 아이들이 어려워하는 것이다. 시간 안배를 제대로 못하면 아무리 공부를 많이 해도 결코 좋은 성적이 나올 수 없다. 수학 시험 때 시간을 안배하는 방법은 다음과 같다.

첫째, 문항을 풀다가 막히면 넘어가야 한다. 이때 해당 문제에 표시를 해두어서 시간이 남을 때 다시 풀어야 한다. 한 문제에 너무 시간을 많이 쓰게 되면 긴장하게 되고 시험 시간 내내 계속 초조하고 불안해질 수밖에 없다. 일 분 정도 생각해 보고 풀이가 생각이 나지 않는 문제는 바로 넘어가야 한다.

둘째, 주관식 문제를 풀 수 있는 시간을 꼭 마련해 두어야 한다. 객관식을 풀다가도 일정 시간이 지나면 주관식으로 넘어가야 한다. 대부분 아이들은 주관식이 객관식보다 어렵다고 생각한다. 하지만 이건 잘못된 생각이다. 객관식이 더 쉽다고 생각하는 이유는 두 가지다. 자신이 푼 답이 보기에 있나, 없나 확인할 수 있다는 것과 모르면 찍어서 맞힐 수 있다는 것이다. 하지만 실제로 문제 난이도를 보면 주관식이 훨씬 쉽다. 그러므로 시험 볼 때 시간 분배를 잘해서 항상 주관식 문제를 풀 수 있는 여유를 만들어야 한다. 시간 분배를 못해서 뒤에 있는 주관식을 풀지 못하는 경우가 생길 수 있는데 이것은 점수를 버리는 것이다. 시험 중간에 주관식 문제를 풀 수 있는 시간을 확보해 두어야 한다. 내신 시험은 학교마다 문항 수가 다르기 때문에 스스로 적합한 시간을 안배하면 된다. 단, 수능이나 모의고사에서는 1~17번 문항 30분, 18~25번 문항 30분, 26~30번 문항을 25분 안에 풀고 나머지 15분은 풀다가 막힌 문제를 다시 푸는 시간과 답안지를 작성하는 시간으로 써야 한다.

수학을 잘하기 위해서는 많은 문제를 다루어 봐야 한다. 하지만 수학 공부만 할 수도 없는 노릇이다. 그렇다면 눈으로 풀어보는 것을 추천한다. 방법은 간단하다. 쉬는 시간을 이용해서 10문제건 20문제건 눈으로 푸는 것이다. 눈으로 푼다는 것은 계산은 하지 않고 문제풀이 과정을 익히는 것이다. 절대 펜을 사용하면 안 된다.

이런 방법으로 문제를 보면 주어진 것과 구하는 것을 파악하는 연습도 함께 이루어진다. 먼저 눈으로 문제를 보고 주어진 것과 구하는 것을 생각한다. 머릿속으로 계산도 해보고 대충의 풀이 과정을 연습한다. 그리고 옆에 펴놓은 해답을 보면서 계산 과정을 따라가 본다. 이렇게 하면 암산 연습도 되고, 구하는 것과 주어진 것에 대한 구별과 유형에 대한 학습이 가능하다. 이 방법은 한 문제를 푸는 데 일 분도 안 걸리기 때문에 쉬는 시간을 이용해서 10~20문제의 수학 문제를 풀 수 있다. 이때 주의할 점은 이런 방법으로 공부할 문제집과 직접 손으로 풀 문제집을 구분해야 한다.

영어를 못하는 아이라면?

영어는 학문의 대상이라기보다는 언어다. 우리가 말을 배울 때와 마찬가지로 언어를 배우기 위해 가장 중요한 점은 오랫동안 꾸준히 해야 한다는 점이다. '미꾸라지 천년에 용 된다'는 속담처럼 영어 공부의 정도는 어릴 때부터 조금씩이라도 꾸준히 하는 데 있다. 이런 이유로 아이가 아직 엄마 뱃속에 있을 때부터 대한민국 부모들에게 영어 공부는 너무나 중요한 화두가 아닐 수 없다. 도대체 언제 어떻게 영어 공부를 시켜야 할까?

우선 영어 교육은 두 가지 측면에서 살펴봐야 한다. 영어를 능수능란하게 구사하는 능력과 대입 시험에 대비하는 능력이 그것이다. 이 중에서 무엇이 더 중요한지 아무리 고민해 봐야 기존 제도권에서 살아야 하는 우리에게는 무의미하다. 결국 둘 다 중요하기 때문에 둘 다 잘 하려고 노력하는 방법밖에 없다. 회화는 꽤 잘 하는데 시험을 못 본다면 그것도 큰일이고, 영어 시험은 꽤 잘 보는데 외국인 앞에 서면 벙어리가 되어 입을 닫아 버리게 된다면 그 것도 큰 문제다. 어린 시절부터 제대로 훈련하면 두 마리의 토끼를 다 잡을 수 있다. 그런데 두 마리 토끼를 잘 살펴보면 동전의 앞뒷 면이지 토끼 두 마리가 아니다.

영어 공부는 어떻게 해야 할까?

영어를 하나의 언어로 생각하는 데서 출발하는 게 영어 교육의 시작이라고 할 수 있다. 우리나라에서 영어 때문에 고생을 하더라도 미국에 가서 몇 년 생활을 하고 나면 어렵지 않게 영어를 쓸 수 있는 이유는, 영어가 분명 수학과는 다른 성격의 학문이라는 증거다. 언어는 필요할 때 가장 빨리 배울 수 있다. 영어를 아주 잘하는 내 친구는 미국인 여자친구를 사귀면서 영어를 가장 빨리 배울 수 있었다고 한다. 사랑하는 이에게 자신의 생각을 올바로 전달하려는 열정이 있었기 때문이다. 이와 같이 기호로서의 영어를 공부하기보다는 다른 지식을 받아들이는 수단으로 영어를 공부하는 게 올바른 시작이라고 할 수 있다.

언어의 전달을 목적으로 삼아야지 마치 기호를 해석하듯이 철자 하나하나에 너무 집중을 한다든지 지나친 공식에 의존을 하는 것은 특히 어린 시절의 영어 공부 방식으로는 적합하지 않다. 물론 시간이 지나서 어학적인 분석이 필요한 입시영어에는 다른 접근이 필요하지만, 처음에 그것도 어린 시절에 접하는 영어는 의사소통의 수단으로 더욱 친밀하게 접근을 해야 한다. 다시 말해서 어린 아이가 언어를 배우는 즐거움처럼 영어를 통하여 사물을 이해하고 상대방의 말을 이해하며 자신의 생각을 전달하는 커뮤니케이션의 도구로 사용하고 배워야 한다는 말이다.

그러기 위해서는 단어와 단어를 조합하는 것이 아닌 의미 있는 문장 하나를 가지고 자연스럽게 듣고 말해야한다. 'how are you?'는 '~는 어떠니?'라는 뜻이 아니고 그냥 친한 사람들과 나누는 의례적인 인사인 것이다. 우리말에도 이런 말은 많다. 누군가 '안녕하세요?'라고 물어봤을 때, 그것이 과연 상대방의 위험 상태와 건강 상태에 대한 질문인가 아니면 의례적인 인사인가를 생각해 보면 된다. 만일 미국인이 '안녕하세요'를 언어의 의미로 생각하면서 우리말을 배우려 한다면 생각만 해도 우스운 일이다.

초등학교 영어는 흥미가 중요하다

초등학교의 영어 교육은 성적 위주가 아닌 언어의 흥미를 돋우는 것이어야 한다. 내 친구 중에 한 명은 영어와 일본어를 모두 유창하게 구사하는데 일본어는 단 한 번도 학교에서 배운 적이 없었다. 수업 시간에 배우지 않은 일본어를 잘하게 된 가장 큰 이유는 일본 만화를 너무나 좋아해서다. 이 친구는 영한 사전도 영영 사전도 아닌 영일사전으로 영어를 공부했다. 영어와 일본어를 동시에 공부를 한 것이다.

재미만 있다면 영어를 학교에서 딱딱하게 배우는 것보다 더 효율적이라고 할 수 있다. 초등학교 아이들이 관심 있어 하는 분야를 주제로 삼아 언어로서의 영어를 받아들이게 해야 하는 것이다. 만일 초등학교 영어 교육이 하나의 과목으로 성적에 연연해야 하는 교육이라면 그저 학교 교육을 따라가는 것이 더 나을 수도 있다. 영어는 어려운 것이라는 선입관을 미리 가지게 함으로써 영어 공부를 오히려 멀리하게 될 수도 있기 때문이다.

중학교 영어는 책 읽기가 핵심이다

중학교 영어 교육은 초등학교 때와는 조금은 다르게 진행이 되어야 한다. 이때는 많은 양의 독서가 필요한 때라고 할 수 있다. 쉬운 문장으로 이루어져 있는 것이라도 문자로 되어 있는 책을 많이 접하게 할 필요가 있다. 그리고 시험이라는 것도 무시해서는 안 된다. 자칫 듣기와 말하기에만 치중을 하다가 시험에서 좋은 성적이 나오지 않는다면 그동안 자신이 해온 영어 공부에 대한 의심이 생길 수 있기 때문이다. 그렇다고 하더라도 듣기와 말하기를 중단해서는 안 된다. 지금까지 해오던 듣기와 말하기는 지속하면서 이제는 그 비중을 책읽기에 더 두어야 한다는 뜻이다.

그러기 위해서는 문장 속에서 단어를 찾고 뜻을 해석하는 일을 시작해야 한다. 내용을 이해만 하면 된다고 해서 그냥 모르는 단어도 넘어가라고 말하는 사람들도 있으나 그러한 방식은 옳지 않다.

우리말로 된 신문을 읽는 경우에도 모르는 단어가 나오면 사전을 찾는 습관을 들이는 게 좋다. 공부할 때 항상 사전을 옆에 두고 모르는 단어를 찾아가며 책을 읽는 습관을 들여야 한다. 그렇게 해서 많은 양의 단어를 내 것으로 만들어 어휘력을 늘려가야 한다.

많은 사람들은 상대방의 발음을 알아듣지 못해서 듣기가 안 된다고 생각을 하는데 실제의 상황에서는 어휘력이 부족해서 듣기가 안 되는 경우가 오히려 일반적이다. 이것은 말하기에서도 마찬가지다. 그저 생활 영어를 잘하기 위해서 영어를 하는 것이 아니다. 전문적이고 올바른 어법에 따른 영어를 구사하기 위해서는 충분한 어휘력이 필수이다. 언어에서 어휘력은 누가 뭐라고 해도 가장 중요한 요소다. 이것은 읽기, 듣기, 말하기 모두에 통용되는 것이지만 영어를 잘할 수 있다는 자신감을 갖게 한다.

중고등학교 영어는 구문과 독해로 정복한다

중고등학교 영어 교육은 앞에서 해온 영어 교육과 다른 방향으로 진행된다. 앞에서 해왔던 공부가 영어라는 언어에 대한 본질적인 접근인데 비해 중고등학교 영어 교육은 '입시'라는 문제에서 비껴갈 수 없기 때문이다.

어린 시절 영어에 대해 흥미를 가지고 어느 정도 공부했다면 이제 입시공부로써 영어를 준비해야 한다. 만일 영어 조기 교육을 받지 않았다고 해도 너무 걱정할 필요는 없다. 입시 영어는 다른 식의 접근이기 때문에 지금부터 준비해도 전혀 늦지 않다.

중학교 2학년부터는 문법과 단어를 매일 공부해야 한다. 만일 시기를 놓쳤다면 고등학교 입학을 앞둔 겨울방학부터는 무조건 영어 문법과 단어에 집중해서 공부해야 한다. 문법의 중요성에 대해 논의가 분분하지만 여기서 잊지 말아야 할 것은 '입시 영어'라는 사실이다. 실제로 말하고 쓰고 듣는 데 문법이 꼭 필요한 것은 아니다. 하지만 '입시'라는 관문을 통과해야 할 경우에는 다르다. 가령, 한국어를 잘 말하고 쓰고 읽는 데 전혀 문제 없는 한국 사람이 국어 시험을 보면 모두 좋은 점수를 받는 게 아닌 것과 같다.

어차피 대학입시에서 문법 문제가 나온다면 철저히 공부를 해야 한다. 다만 문법을 공부할 때 너무 도식화해서 공부를 하다 보면 금세 흥미를 잃는다. 잘 외워지지 않으니 모범이 될 만한 좋은 구문을 통째로 외워 문법을 익히면 실제 시험에서 헷갈리지 않고 문제를 잘 풀 수 있다. 영어 시험을 잘 보는 가장 좋은 방법은 구문을 외우는 것이다. 반복해서 구문을 외우는 것이 시험을 위한 영어의 왕도다. 언어를 익히는 가장 좋은 방법은 외우고 또 외우는, 그야말로 반복해서 외우는 방법밖에 없다.

그러기 위해서는 여러 권의 책을 가지고 공부를 하기 보다 자신의 수준에 맞춰 문법, 단어, 구문, 독해를 함께 공부할 수 있는 교재를 골라 여러 번 반복해서 공부하는 것이 좋다. 그런 다음에 여러 종류의 독해를 해나가야 한다. 지문이 너무 짧은 단문 독해보다는 충분한 내용이 있는 장문 독해를 짧은 시간 안에 해결할 수 있는 실력을 길러야 할 것이다.

독해 문제의 경우, 어떤 문장과 내용을 독해 자료로 삼을지 정해야 한다. 그래야 공부가 재미있고 나중에도 유용하게 써먹을 수 있다. 일단 독해 자료는 위인들의 연설문을 추천한다. 서점에 가면 연설문을 한영 대역으로 번역해 놓은 책들이 많이 있는데 이런 책들을 독해 자료로 삼는 게 좋다. 물론 위인들이 즉흥적으로 연설하는 경우도 있기는 하지만 대부분의 연설문은 전담 스태프들이 각 시대 상황에 맞게 간결하고 이해하기 쉬우면서도 문법적으로 정확한 문장으로 작성한다. 따라서 연설문을 독해의 원전으로 삼으면 많은 도움이 된다.

4부

상위권 아이를 키우는 부모의 '공부환경'

"

공부는 어디까지나 사람이 하는 것이다. 특히 유혹에 빠지기 쉬운 아이들은 부모가 기본적인 환경이나 건강을 뒷받침해 주지 않으면 아무리 기본력, 학습력, 시험력이 충족되어도 공부의 지속성을 유지하기 어렵다.
부모는 결코 아이의 공부를 대신해 줄 수 없다. 하지만 아이의 공부 의욕에 날개를 달아 줄 수는 있다. 마지막 장에서는 공부에 도움이 되는 외부적 조건 즉, 공부환경에 대해 살펴보자.

"

아이의 성적을 결정하는 부모의 작은 습관

부모는 제1의 공부환경이다

'부모는 아이의 거울이다'

이 말은 자녀교육에서 부모의 역할이 얼마나 중요한지 말해 준다. 공부도 마찬가지다. 아이들의 공부환경 중에서 가장 중요한 영향을 미치는 것이 바로 부모다. 즉, 제1의 공부환경이 부모라는 말이다. 도널드 클리프턴은 그의 저서 『신의 물통은 얼마나 채워져 있습니까』에서 갤럽 조사를 인용해 긍정적인 마음을 갖는 것이 자녀와 대화를 나눌 때 가장 중요하다는 점을 강조하고 있다. 이 조사에서는 각기 다른 문화를 가진 나라의 학부모를 대상으로 성적이 가장 좋은 과목과 가장 나쁜 과목에 대한 관심도가 어떻게 다른지 조사해 보았다. 조사를 위해서 우선 부모들에게 "자녀가 '영어 A, 사회 B, 생물과 수학 F'라는 성적을 받았을 때, 당신이 그중 어떤 과목에 가장 관심을 보여야 한다고 생각합니까?"라고 질문했다. 이 질문에 대해 F를 받은 과목에 관심을 보여야 한다고 대답한 학부모가 압도적으로 많았다. 이 결과는 부모들이 아이들의 능력 계발보다는 '대학 입학' 경쟁에 노출되어 있다는 사실을 보여 준다. 물론 아이들의 수학 성적이 F를 받아도 부모가 신경 쓸 필요가 없다고 주장하는 것은 아니다. 다만 F를 받은 과목을 잘하게 만들기에 앞서 A를 받은 과목에 대해 칭찬을 해주는 건 어떨까 하는 점을 말하려는 것이다. 부모가 좀 더 긍정적인 마음으로 이야기를 시작하기만 해도 아이들과 더 충만하고 더 뜻깊은 대화를 나눌 수 있을 것이다.

그렇다면 좋은 부모가 되기 위해서는 어떻게 해야 할까? 부모는 아이가 바른 길을 갈 수 있도록 도와주어야 한다. 그러려면 아이가 갈 방향을 제시해 주고 그 길을 갈 수 있는 환경을 만들어 주는 것이 무엇보다 중요하다. 더불어 아이의 행동에 대해 칭찬해 주고 아이와 많은 대화를 통해 스스로 문제를 해결해 나갈 수 있도록 돕는 것이 필요하다. 아이들이 질문을 해왔을 때 면박을 주거나 아이의 질문을 존중하지 않고, 감정을 이해해 주지 않는 부모는 아이에게 잘못된 가치관을 형성해 줄 수도 있다. 부모와 아이의 대화는 아이에게 지적, 심리적, 도덕적 성장을 촉진시키는 영양분이다.

요즘은 부모와 갈등하는 아이들이 점점 늘고 있다. 상당수 아이들에게 부모는 사사건건 자신의 행동에 간섭하고 잔소리나 하는 귀찮은 존재다. 부모들 역시 애가 타기는 마찬가지다. 내 속으로 낳은 자식이지만 도대체 무슨 생각을 하고 있는지 알 수가 없다. 답답한 나머지 뒤늦게 '속마음을 털어 놓으라'고 다그쳐 보지만 쉽게 입을 열 리가 없다. 평소 의사소통이 없었기 때문이다. 조선 후기의 학자인 다산(茶山) 정약용은 귀양살이를 하면서도 두 아들과 편지로 대화하며 자녀교육에 힘썼다. 한 조사에 따르면 우리나라 중고생의 20퍼센트는 평소 부모와 전혀 대화를 하지 않는다고 한다. 대화를 하더라도 절반 이상이 하루 평균 30분에 못 미친다. 초등학생도 마찬가지다.

가정은 사회의 가장 작은 집단이다. 사람은 부모형제 등 가족구성원과의 인간관계를 통해 사회성이 발달한다. 대화가 단절되면 가정은 물론 사회에서도 사람들과 원만한 관계를 맺을 수 없다. 가족과 대화 시간이 많은 아이일수록 공부를 잘하는 경향이 있다는 조사 결과도 있고, 대화 시간이 적을수록 인터넷 게임에 중독될 가능성이 크다는 연구 결과도 있다. 다시 한 번 강조하지만 부모가 제1의 환경이다. 제1의 환경을 잘 갖추는 일은 바로 아이와의 커뮤니케이션에서 시작된다.

반드시 잘한 과목부터 칭찬해라

불행히도 많은 부모가 아이들이 공부를 잘하고 있을 때는 '우리 아이가 잘하고 있군' 하고 조용히 있다가도 조금만 잘못을 하면 '너는 왜 이 모양이냐'고 야단을 친다. 마치 잘못하기를 기다렸다는 듯 뒤통수를 치는 것이다. 그 이유는 부모들 역시 그와 같은 환경에서 자랐기 때문이다. 칭찬하는 법을 제대로 배우지 못했다는 뜻이다.

앞서 소개한 도널드 클리프턴은 같은 책에 1925년 엘리자베스 허록 박사가 실시한 「칭찬이 성적에 미치는 영향」에 관한 연구 결과를 소개하였다. 수학 수업을 듣는 초등학교 4학년에서 6학년까지의 학생들이 시험 성적에 대해 다양한 종류의 피드백을 받았을 때 어떤 일이 일어나는지 알아보는 연구였다. 허록 박사는 이 실험을 통해 칭찬, 질책, 무관심이 다른 방법에 비해 얼마나 효과적인지 분석해 보려 한 것이다. 결과는 각 그룹의 학생들이 2, 3, 4, 5일이 지난 후 수학 문제를 얼마나 많이 풀었느냐에 따라 결정되었다.

첫 번째 그룹에 속한 학생들은 이름이 불린 후 반 아이들 앞에서 성적이 좋다는 칭찬을 받았다. 두 번째 그룹 아이들 역시 반 아이들 앞에서 호명되었고, 성적이 좋지 않다는 질책을 들었다. 마지막으로 세 번째 그룹의 아이들은 이름조차 불리지 못했고, 교실에 있는 다른 아이들이 칭찬을 받거나 질책당하는 것을 보기만 했다. 네 번째 그룹은 앞 세 그룹의 대조군으로, 첫 시험이 끝난 후 다른 방으로 옮겨졌다. 이 그룹에 속한 아이들은 똑같이 시험을 봤지만 성적에 대해 이렇다 할 평가도 듣지 않았다. 하루가 지나자 칭찬을 받은 학생들과 질책을 당한 아이들이 다른 아이들에 비해 성적이 좋았다. 하지만 그 후에는 급격한 변화가 일어났다. 질책당한 학생들은 갈수록 점수가 많이 떨어져 3, 4일째가 되면 아무런 관심을 받지 못했던 학생들과 거의 비슷해졌다.

반면 칭찬을 받은 학생은 2일째부터 급격하게 성적이 향상되는 모습을 보였고, 그것은 연구가 끝나는 날까지 효력이 지속되었다. 실험 5일째, 칭찬을 받은 학생 그룹이 다른 그룹보다 더 뛰어난 성적을 보인다는 것이 명확해졌다. 각 그룹의 향상 수준을 종합해 보면 다음과 같다.

칭찬 – 71%

질책 – 19%

무관심 – 5%

도널드 클리프턴은 앞의 책에서 지금부터 70여 년 전, 교육학 및 심리학 분야 연구자들이 한 가지 중요한 연구를 간과해 버렸다고 지적하면서 그것이 인간 탐구의 방향을 바꿀 수 있는 중요한 연구였다고 덧붙였다. 그리고 그때 그 연구가 제대로 주목을 받았다면, 우리가 지금까지 이렇게 고통받지 않았을지도 모른다는 말로 아쉬움을 표현했다.

또 하나 중요한 것은 결과보다는 과정을 칭찬해야 한다는 점이다. 앞에서 언급한 평가목표와 행동목표 내지는 학습목표와 비슷한 얘기다. 아이가 아기였을 때, 조금씩 걸을 때마다 격려하던 그때로 돌아갈 필요가 있다. 아기가 걷다가 넘어진다고 해서 아기에게 화를 내지는 않았지 않은가. 그런데 아이가 자라서 하는 작은 실수에 왜 그리 화를 내는지 모르겠다.

물론 잘하는 일과 못하는 일 중에 후자를 알아내는 게 더 쉽다. 또 잘못을 할 때까지 기다리다가 잘못을 지적함으로써 부모의 권위, 우월함을 보여 주려고 한다. 그것도 필요 이상으로 과하게 반응한다. 그러한 행동이 사랑하는 아이를 얼마나 마음 아프게 하고, 의욕을 상실하게 만들고, 스트레스를 주는지 생각해 봐야 한다. 진정으로 자식을 사랑한다면 사랑으로 대해야 한다. 칭찬을 할 때는 즉시 칭찬하고, 잘한 일에 대해서는 명확히 말하자. 이렇게 잘한 일에 대하여 긍정적인 감정을 공유하는 것이 중요하다. 그리고 앞으로도 계속 잘해 나가도록 격려를 아끼지 말아야 한다.

아이들도 자신을 스스로 칭찬할 수 있어야 한다. 칭찬은 모두가 성공하게 만드는 기본적인 원칙이다. 칭찬이 중요한 만큼 타인과 부정적인 면을 강조하며 비교하는 것은 엄청난 역효과를 유발시킨다. 누구누구는 어쩐데 너는 왜 그러냐는 식의 비교는 아이를 완전히 분노하게 만들고 함께 있기를 원하지 않게 만든다고 한다.

한 아이가 자꾸 잘못을 하니까 아버지가 말했다.

"조지 워싱턴은 네 나이에 무엇을 했는지 아니? 그는 네 나이에 너처럼 하지 않았어. 너는 나중에 뭐가 되려고 그렇게 행동을 하니?"

그러자 아들이 아버지에게 대답했다.

"네, 알겠어요. 아빠, 그런데 조지 워싱턴은 아버지 나이에는 대통령이었죠."

재미있는 이야기다. 누구나 비교를 싫어한다. 특히 부정적인 비교는 더욱 싫어한다. 그런데 부정적인 비교를 서슴지 않고 하는 부모들이 너무도 많다. 그러면서도 아이들이 씩씩하게 자라기를 바란다면 뭔가 잘못된 것이 아닐까? 부정적인 비교는 아이들이 학교를 싫어하게 만들고, 공부를 싫어하게 만들고, 공부를 열심히 하지 못하게 만든다. 그저 더 이상 비난받지 않을 행동만을 하게 만드는 것이다. 정말로 자신의 아이가 그렇게 되기를 바라는가? 다시 한 번 생각해 볼 일이다.

공부 잘하는 친구와 노는 것은 이기적인 게 아니다

청소년기는 참으로 아름다운 시절이다. 친구들과의 우정도 중요하고 운동도 해야하고 공부도 해야 한다. 이들 모두를 적절히 조화롭게 해나가야 하지만 사실 그것이 말처럼 쉬운 것이 아니다. 좋은 친구를 만나면 자신의 발전에 도움이 되고 자신도 친구에게 도움이 되는 존재가 되지만, 반대로 모두에게 해가 되는 경우가 너무 많다. 고등학교 1학년 때까지는 아주 우수한 학생이었는데 고등학교 1학년 말에 친구와 함께 PC방을 다닌 뒤부터 공부보다 게임하는 데 재미를 붙여 성적이 급격히 떨어지는 경우도 있다. 반면에 별로 공부에 흥미가 없던 아이가 공부를 잘하는 친구들을 만나면서 성적이 많이 오르는 경우도 있다. 주어진 24시간을 어떻게, 누구와 보내는가에 따라서 인생이 바뀌는 것이다. 독수리가 되기 위해서는 독수리들과 함께 있어야지, 닭들과 함께 있어서는 안 된다. 이것은 이기적인 것과는 다르다.

어느 날 대학 입시가 끝난 후 하루에 학부모 두 분을 만난 적이 있다. 한 분은 이번 입시에는 대학에 제대로 합격한 아이들이 별로 없다는 말을 했고, 또 다른 한 분은 이번 입시는 모두 합격한 사람들만 있는 것 같다고 했다. 이 얘기는 결국 공부를 잘하는 친구들을 곁에 둔 아이는 스스로도 공부를 잘할 수밖에 없다는 말과 같다. 반면 주변이 모두 공부를 못하는데 나 혼자만 공부를 열심히 하기란 결코 쉽지 않다.

어른이 된 후에도 누구를 만나는가는 아주 중요하다. 유유상종이라는 말도 있고, 근묵자흑이라는 말도 있지 않은가. 미래지향적이고 열심히 사는 친구들과 어울려야 하고 스스로도 다른 사람에게 좋은 영향을 미치는 사람이 되어야 한다. 공부 잘하는 아이들이 있는 곳에 늘 내 아이가 있다면 내 아이도 공부를 잘하는 사람이 되어 있을 것이고, 공부를 못하는 아이들이 모이는 곳에 내 아이가 늘 있다면 내 아이도 공부를 못하게 될 것이다. 그 선택은 결국 부모와 아이에게 달려 있다는 사실을 잊어선 안 된다.

음악을 들으면서 공부해도 괜찮을까?

"우리 아이는 음악을 들으면서 공부해요. 음악을 들으면서 공부하는 게 효과적인가요?"

이렇게 물어오는 부모들이 많은 것을 보면 음악을 들으며 공부하는 아이들이 많은 모양이다. 그중에서도 특히 아이가 가요나 팝송을 들으면서 공부하는데 이것이 공부에 도움이 되는지가 주된 관심사다. 결론부터 말하자면 개인적인 취향에 따라 약간의 차이가 있지만 공부하면서 팝송이나 가요 등 가사가 있는 음악을 듣는 것은 오히려 집중력을 떨어뜨려 학습 효과를 감소시킨다. 그 이유는 간섭효과 때문이다. 우리가 공부를 할 때 주로 쓰는 뇌가 좌뇌인데, 좌뇌는 언어적 기능을 담당한다. 그런데 가사 있는 음악을 들으면 이것 역시 좌뇌 기능을 자극, 상충효과가 생겨 암기는 물론 집중력을 방해한다. 즉, 가사가 있는 음악을 듣는 것은 공부에 사용하는 두뇌의 집중력을 음악으로 분산시키는 결과를 가져와 학습을 방해한다.

그런데 두뇌기반 학습법을 창안한 게오르 그로자노프 박사의 음악학습 이론에 따르면 어떤 종류의 클래식은 집중력을 높여 학습효과를 상승시켜 준다고 한다. 나는 지금도 책을 읽을 때나 공부를 할 때 바로크 시대의 음악을 듣는다. 오디오 CD 한 장이 60분을 조금 넘기 때문에 한 장을 들으면 한 시간쯤 집중했다는 것을 시계를 보지 않고도 알 수 있다. 물론 책을 읽은 후에도 기억력에 도움이 된다. 골프처럼 집중력을 요하는 운동을 하러 가는 아침에도 차에서 이런 음악을 들으면 그렇지 않은 날보다 효과가 있었다.

정서적인 안정감을 주고 우뇌를 자극하는 바로크 음악을 중심으로 한 고전 음악은 우리의 심장 박동과 비슷한 박자 수를 지니고 있어 집중력 향상에 도움을 주고 기억력을 향상시키는 효과가 있다. 바흐, 모차르트, 파헬벨 등 규칙적이고 일정한 박자가 반복되는 바로크 음악은 심리적 안정 상태를 유지시키는 알파파와 세타파를 유도하고 도파민이나 세로토닌의 생성을 자극해 집중력을 높이는 데 도움을 준다. 또 인간의 심장 박동수와 비슷한 바로크 음악의 72~144박자는 긴장을 풀어주고 안정감을 주어 단순 암기나 수학 문제를 풀 때 효과가 있다. 덧붙여 클래식 음악은 공부할 때 배경음악으로 사용하면 소음에 대한 매스킹 효과도 있으며 좌뇌와 우뇌를 모두 자극해 양쪽 뇌를 모두 사용하는 효과가 있다.

이 바로크 음악은 공부할 때 외에도 일상적으로 잔잔한 배경음악으로 활용하면 좋다. 음악을 좋아하는 자체만으로도 기분을 전환할 수 있는 효과가 있고, 음악이 사람의 동기부여에 도움을 줄 수 있다. 좋은 음악을 들으면 정신이 맑아지고, 집중력이 향상되며, 기분이 전환되고, 감정을 조절해 주며, 정신력을 통제하는 효과가 있다. 이외에도 지적 능력도 향상시켜 준다. 음악을 제대로 선택하면 우울하고 나쁜 기분을 좋고 긍정적인 기분으로 전환하는 데 큰 도움이 된다.

1등 하는 아이의 집은 '이것'이 다르다

책상의 크기가 생각의 크기를 좌우한다

어린 시절, 나의 어머니는 건강과 영양 상태에 대해 세심하게 살펴 주었고, 아버지는 공부방에 신경을 많이 써주었다. 아버지는 공부하는 데 필요한 것들을 직접 준비해 주었는데 그중에서도 가장 좋았던 것이 책상이다. 책상 크기가 일반적인 학생 책상보다 훨씬 더 컸기 때문에 공간도 여유롭고 발놀림도 편했다. 그래서 학교 책상과 달리 두세 시간을 앉아서 공부해도 피로하지 않았다.

이처럼 책상 하나만 바꾸어도 지구력과 집중력을 높이는 데 상당히 도움이 된다. 경제적인 여건이 허락하는 한에서 가능하면 아이의 공부방을 세심하게 고려해 볼 필요가 있다는 말이다. 가구 전문가들의 말에 따르면 책상과 의자는 아이의 몸에 맞는 것으로 선택하고 아이의 성장에 방해가 되거나 자세를 불편하게 만들어서는 안된다고 강조한다.

먼저 책상의 크기를 조정해야 한다. 될 수 있으면 커다란 책상을 사용할 것을 권한다. 책상이 커야 아이디어나 계획, 사고의 폭이 커진다. 일본의 최고 저널리스트인 다치바나 씨와 소설가 로빈 쿡 씨의 경우 서재를 꾸미는 데 여러 날을 보냈다고 전해진다. 특히 다치바나 씨의 경우 가로 180센티미터, 세로 90센티미터 크기의 책상을 구입하기 위해 거의 한 달간을 도쿄 시내 백화점과 가구 전문점을 돌아다녔다고 한다. 그가 여유로운 책상 공간을 확보하는 데 신경을 썼던 이유는, 작은 책상은 조금만 일을 하다 보면 금세 자료로 가득 차 불편했기 때문이었다. 그는 큰 책상에서 작업하는 것이 확실히 능률이 오르고 작업도 잘된다고 했다.

책상의 크기뿐만 아니라 높이도 중요하다. 아이들이 자라면서 옷이나 신발은 신체 치수에 맞게 바꾸어 주지만 책상이나 의자를 바꾸어 주어야 한다는 생각은 잘 하지 않는 것이 현실이다. 대부분의 국내 브랜드 책상은 높이가 72~75센티미터로 균일하게 제작되고 있는데 실제로 이 높이는 청소년보다 성인을 기준으로 한 것이다. 전문가의 의견에 따르면 아이들의 성장에 따라 책상 높이를 조절해 주어야 한다. 가령, 아이의 키가 112~126센티미터일 경우 책상의 높이는 53센티미터가 적당하다. 또 키가 144~152센티미터인 아이는 높이 63센티미터가 적당하며 153~160센티미터인 아이는 높이 66센티미터인 책상이 적당하다고 한다.

의자를 고를 때는 등받이가 곧고 쿠션이 있는 것을 고르는 것이 좋다. 딱딱한 것보다는 적당하게 쿠션이 있는 의자가 좋고 높이는 두 발이 바닥에 닿을 정도가 좋으며 높낮이가 조절되는 의자면 더욱 좋다. 의자만큼은 꼭 좋은 것을 사용할 필요가 있다. 의자를 잘못 사용하면 요통이 생기기 때문이다. 의자를 잘 고르는 것은 공부 능률을 높이는 데는 물론 건강을 위해서도 무척 중요하다. 의자는 키 112~126센티미터인 아이에게는 높이 35센티미터인 의자가 적당하며 키 144~152센티미터인 아이는 의자 높이 42센티미터, 153~160센티미터인 아이는 의자 높이가 44센티미터는 되어야 발이 공중에 매달리지 않고 편안한 자세로 공부할 수 있다. (아래 표 참조)

이처럼 책상과 의자가 몸에 맞아야 바른 자세로 공부하는 습관도 길러지고 학습에 대한 지구력도 기를 수 있다. 여기에 한 가지 더 덧붙여 용도에 따라 책상 상판의 각도를 조절할 수 있다면 금상첨화다. 불가피하게 평균적인 크기의 책상을 사용한다 하더라도 책상 위를 잘 치우고 당장 공부하는 데 필요한 책과 노트, 참고자료만을 놓고 사용한다면 나름대로 책상을 효율적으로 쓸 수 있다.

또 책상은 가능하면 출입구에서 대각선 방향에 두어 문으로 사람이 들어오는 것을 볼 수 있는 곳에 두는 것이 좋다. 문을 등지고 책상을 배치하면 심리적으로 불편하기 때문에 좋지 않다. 간혹 드라마나 영화에서 CEO나 핵심 간부의 책상을 보면 대부분 입구를 바라보는 위치에 놓여 있는 것을 볼 수 있는데 이것도 같은 이유일 것이다.

신장에 따른 책상 의자 높이 참조 (단위: cm)

신장	책상 높이	의자 높이
112~126	53	35
127~135	56	37
136~143	59	40
144~152	63	42
153~160	66	44
161~168	69	47
169~177	72	50
178~186	75	52

공부방 조명 체크는 기본 중에 기본이다

다음으로 공부방의 조명에 대해 알아보자. 공부방은 채광이 잘 되는 창문이 있어야 하는데, 그 이유는 창을 통해 햇살과 함께 생명의 기운이 들어오기 때문이다. 자연 채광의 힘을 이용하면 기상 시간을 조절하기 쉽고 건강에도 도움이 된다. 우리는 태양이 기분에 미치는 영향을 과소평가하는 경우가 많은데 최근 우울증 치료 방법의 하나로 환자에게 햇빛을 쏘이는 것이 치료 효과가 있다는 사실이 밝혀졌다. 이 사실을 보면 햇빛이 사람의 기분에 얼마나 중요한 영향을 미치는지 알 수 있다. 낮에 햇빛의 강도가 강할 때가 1000럭스(빛의 단위), 보통 동틀 때쯤에 밝기가 800럭스 정도인데 일반적인 실내의 밝기는 400럭스도 안 된다. 이것으로 우리는 인공조명이 자연광에 비해 얼마나 어두운지 알 수 있다. 공부방은 침실이나 거실 등 주거 공간보다 밝아야 하며, 최소한 500~600럭스 이상의 밝기를 유지하는 것이 좋다.

　전문가들의 의견을 종합해 보면 공부방은 전체 조명과 부분 조명으로 나누어 이중 조명을 사용하는 것이 좋다고 한다. 즉, 방 전체를 밝혀 주는 조명과 책상 조명을 함께 사용해야 한다는 것이다. 책상조명도 가능하다면 빛 반사가 없는 조명기구를 사용하는 것이 좋다. 빛 반사가 없는 조명을 썼을 때 장시간 앉아 있어도 눈의 피로가 적고, 집중력이 향상된다. 컴퓨터 모니터도 일반 모니터보다는 LCD를 썼을 때 눈의 피로가 훨씬 적다. 개인마다 시력의 차이가 있듯이 조명도 개인 성향에 따라 자신에게 맞는 조명을 사용하는 것이 좋다. 이처럼 공부방 조명을 언급하는 이유는 조명이 그만큼 중요하며 조명을 잘 조절해 주는 것만으로도 창의력과 사고력을 증진시킬 수 있고 집중력을 높일 수 있기 때문이다.

공부 효율을 높여주는 온도와 습도

일반적으로 너무 덥거나 추우면 아무 생각도 할 수 없다는 말을 한다. 일리 있는 말이다. 공부방 환경에서 또 하나 신경 써야 할 중요한 부분이 온도다. 결론부터 말하면 공부방 온도는 높은 것보다 낮은 편이 오히려 낫다. 여름에 에어컨이 없는 방보다는 있는 방이 공부가 잘 되고, 겨울철에 난방이 너무 잘 되는 방보다 약간 온도가 낮은 방에서 공부할 때 학습 효율이 오른다. 특히 겨울철에는 가끔 난방을 끄거나 창문을 열어 찬 공기가 들어오도록 환기를 시키는 것이 좋다. 아니면 가끔 밖으로 나가 차가운 공기를 쏘여 머리를 맑게 해줄 필요가 있다.

컴퓨터나 가전제품과 마찬가지로 사람의 머리도 온도에 따라 효율이 달라진다. 그리고 고온은 절대적으로 좋지 않다. 우리나라는 사계절 변화가 뚜렷하기 때문에 계절의 변화에 따라 온도 변화도 잦은 편이다. 온도 변화는 정신적인 일이나 육체적인 활동을 하는데 상당한 영향을 미친다.

그러면 공부할 때 가장 적절한 온도는 몇 도일까? 여러 가지 통계 자료와 과학자들의 연구에 따르면 가장 이상적인 공부방 온도는 18~20도라고 한다. 그렇다고 이 온도가 절대적인 것은 아니다. 몸에 열이 많은 사람과 열이 적은 사람, 지역적으로 더운 지역과 추운 지역 간에 약간의 차이가 있게 마련이다. 유럽에서는 육체노동을 하기 적합한 온도를 18도라고 하는 데 반해 아프리카 사람은 그보다 훨씬 높은 25~26도가 되어야 일을 하기 좋다고 한다.

그러나 일반적으로 21도 이상으로 온도가 올라가면 점차 두뇌 활동이 저하되기 시작한다. 여름방학이 대표적으로 이 기간에 속한다. 특히 입시를 앞둔 고3 여름방학처럼 중요한 시기에 실내 온도가 자꾸 올라가서 땀과의 전쟁을 벌이며 공부한다면 효율이 떨어지는 것은 당연한 일이다. 따라서 아이들 방에 에어컨을 놓아주는 것은 학습 효율을 높이는 데 도움이 된다.

우리의 뇌는 산소를 가장 많이 필요로 한다. 뇌는 전체 몸무게의 2퍼센트밖에 안 되지만 몸에서 필요로 하는 전체 산소의 20퍼센트를 사용한다. 따라서 공부방 온도가 높아 산소가 충분히 공급되지 못하면 뇌 활동이 저하되어 집중력이 크게 떨어지고 결국 졸음이 찾아온다.

논리적 사고를 요하는 문제나 수학 과목을 공부할 때 온도가 높으면 능률이 최소 30퍼센트 떨어진다고 한다. 개인마다 자신에게 맞는 온도가 있는데 온도가 높이 올라가면 한 시간이 걸려도 못 푸는 문제를 온도가 적절할 때는 10분이면 풀 수도 있다. 따라서 공부방 온도를 적절하게 조절해 줄 필요가 있다. 또한 겨울철에는 습도 조절을 세심하게 해야 한다. 습도 역시 공부 능률에 큰 영향을 미친다. 일반적으로 대기의 습도는 20~60퍼센트 정도다. 그러나 겨울철에는 실내 난방과 밖에서 유입되는 차고 건조한 공기 때문에 건조해지기 쉽고 실내습도도 상대적으로 낮아진다. 따라서 가습기를 이용, 습도를 조절해 주어야 한다. 방안이 건조하면 피부가 거칠어지거나 코가 막히고 목이 붓는 등 몸의 컨디션이 나빠지고 감기에 걸릴 위험도 높아진다.

연구에 따르면 겨울철에 적합한 습도는 약 30퍼센트 정도며, 여름철에는 약 50퍼센트가 가장 적절하다고 한다. 가습기를 사용할 때 주의해야 할 점은 가습기 안에 굉장히 많은 균들이 살고 있기 때문에 청소를 자주 해주어야 한다는 점이다. 가습기가 방안에 세균을 뿜어내는 기계로 변할 수 있기 때문이다. 또 하나는 가습기에 사용하는 물은 가능하면 정수해서 사용하는 것이 좋다. 왜냐하면 수돗물에 함유된 중금속 물질이 가습기를 통해 호흡기로 들어올 수 있기 때문이다.

초등학생 때부터 일찍 일어나는 습관을 길러줘라

공부하는 아이에게는 일찍 자고 일찍 일어나는 아침형 생활 태도가 학습 효과를 훨씬 높일 수 있는 좋은 습관이다. 아침 시간은 집중력과 효율이 아주 높은 시간이므로 그 시간을 공부하는 데 활용한다면 더욱 효과적으로 공부할 수 있고, 건강에도 큰 도움이 된다. 아침형 생활 습관이 학습에 어떻게 도움이 되는지 알아보자.

아침에 일찍 일어나면 무엇이 좋을까? 첫째, 아침에 일찍 일어나면 자신감이 생긴다. 남들이 자는 시간에 깨어 있다는 것만으로도 작은 성취감과 함께 하루를 시작할 수 있다. 남들보다 앞서 있다는 만족감이 긍정적인 생각으로 이어지고 자신감을 갖고 하루를 시작하게 해주기 때문이다. 기상 한두 시간 전부터 스트레스 관련 호르몬인 코티졸이 많이 분비되는데 이 호르몬의 작용으로 기상 직후에는 혈당이 올라가고 뇌에 지가 충만하여 자신감이 생긴다고 한다. 따라서 아침 시간에 이성적인 판단이 요구되는 문제를 처리하는 것이 좋다고 한다. 아침에 일찍 일어나는 습관을 갖기 위해서는 먼저 일찍 자는 습관을 길러야 한다. 어린 아이도 잠을 충분히 자는 아이가 성장발육이 좋고 성격 형성에도 긍정적인 영향을 미친다.

특히 초등학생의 경우는 일찍 잠자는 습관이 더욱 중요하다. 초등학교 시기까지는 성장 발육이 지속적으로 이루어지는 시기며, 이때의 습관이 오래도록 유지될 가능성이 크기 때문이다. 또 우리 몸은 밤 11시와 새벽 2시 사이에 성장호르몬의 분비가 가장 활발하기 때문에 일찍 자고 일찍 일어나는 것이 뇌 활동은 물론 성장에도 도움이 된다고 이미 의학적으로도 증명되었다.

둘째, 신체 구조상 집중도가 가장 높은 시간이 새벽이다. 또 아침에 일찍 일어나면 그만큼 하루를 길게 사용할 수 있고 집중도가 높은 시간을 학습에 사용함으로써 학습 효율을 높일 수 있는 것도 아침형 생활 습관의 좋은 점이다. 보통 밤 11시가 넘으면 집중도가 떨어지기 시작한다. 하지만 많은 아이들이 부족한 잠을 새벽에 자겠다고 마음먹고 늦은 공부를 하는 경우가 많다. 그러나 늦은 시간은 보통 악의 시간이라고 한다. 밤을 새워 공부하는 아이들은 대부분 학교 수업 시간에 거의 졸거나 몽롱한 상태로 있다. 이런 학생들을 다른 학생과 비교해 보았을 때 공부 시간은 절대적으로 비슷해도 머릿속에 남아 있는 내용이 거의 없다. 밤새워 공부해서 얻는 것은 밤새 공부했다는 뿌듯함 딱 한 가지다.

그러면 언제 일어나는 것이 좋은가? 앞에서 말했듯 11시가 넘으면 성장호르몬이 분비되고 집중력은 떨어지기 시작한다. 따라서 특별한 일이 없는 한 11시에 자고 5시 또는 6시에 일어나는 것이 가장 좋다. 보통 인간이 가장 깊은 잠을 잘 수 있는 시간이 새벽 2시에서 5시 사이이기 때문이다. 사람의 체온은 항상 일정하지 않고 저녁 시간이 되면 체온이 서서히 떨어지기 시작해서 새벽 2시가 되면 체온이 최저로 떨어진다고 한다. 그때가 가장 깊은 잠을 잘 수 있는 시간이다.

그러니까 11시부터 잠자기 시작하면 6시간을 자도 8시간 자는 효과와 똑같다는 이야기다. 체력적으로도 문제가 발생하지 않는다.

또 새벽 5시가 되면 대기가 움직이기 때문에 생리적으로도 맥박이 빨라지기 시작한다. 즉, 새벽 5시부터는 누워 있어도 숙면을 취하는 상태가 아니라 생체시계가 이미 깨어 있기 때문에 뒤척이는 것이다. 마지막으로 아침형 생활 습관은 시간에 쫓기지 않고 시간을 지배한다. 여유 있게 아침식사를 할 수도 있고 교통 흐름이 원활한 시간에 움직이기 때문에 편안하다. 모든 일이 그렇지만 습관은 하루 아침에 바뀌지 않는다. 따라서 아침형 인간이 되기 위해서는 꾸준히 기상 시간을 조금씩 앞당겨 아침의 찬란한 햇살을 맞이하는 생활 습관을 갖도록 노력하는 것이 중요하다.

그럼 두뇌 활동이 가장 원활한 아침 시간을 어떻게 활용하는 것이 좋을까? 이 시간은 반드시 전략적으로 활용해야 한다. 특히 수학 과목을 공부하기를 적극적으로 권한다. 나 역시 학창 시절, 쉬는 시간에는 국어를 했고 아침 시간에는 수학을 했다. 만일 이렇게 초등학교 때부터 아침에 매일 한 시간씩 수학 과목을 공부하는 습관을 갖게 되면 수학에 관해서는 따로 공부할 시간이 필요 없을 정도로 큰 진전을 보일 것이다. 초등학교 1~3학년까지는 특별한 노력이 없어도 수학과 영어 과목 진도를 따라갈 수 있다. 하지만 4학년 때부터는 학력 차이가 커지고 노력 정도에 따라 실력의 차이도 커지게 된다. 고등학교 때가 되면 이 수준 차가 확연해진다. 중학교 때만 해도 이해할 수 없는 문제가 없었는데, 고등학교 때에는 이해가 안 되는 문제가 하나씩 생긴다. 따라서 영어, 수학은 일찍 시작하는 것이 좋다. 권하는 방법대로 수학은 아침 시간에 하고, 영어는 주말 시간을 이용하자. 영어 공부는 한 시간으로는 부족하기 때문이다. 두 과목을 마친다면 그만큼 시간을 벌게 되고, 그렇게 생긴 여유 시간에 다른 과목을 공부한다면 원하는 결과를 얻을 수 있을 것이다.

뇌 과학자들이 밝힌 아침밥과 성적의 관계

아침식사를 하는 것이 좋은지, 하지 않는 것이 좋은지는 여전히 논란이 많다. 결론적으로 말하자면 아침식사는 하는 것이 좋다. 뇌가 최적의 기능을 발휘할 수 있는 비결 가운데 하나가 뇌세포에 적당한 양의 혈당을 꾸준히 공급하는 것이다. 뇌에 혈당을 공급하는 가장 좋은 방법은 식사다. 특히 아침식사는 밤새 굶주린 뇌에 포도당을 공급하는 중요한 역할을 하기 때문에 공부하는 아이들은 절대 걸러서는 안 된다. 아침식사를 하지 않으면 혈당치가 떨어져 뇌가 가동하는 데 연료 부족이 생기고 결국 뇌가 능률적으로 활동하는 데 지장을 준다. 뇌 과학자들과 전문가들이 아침식사가 뇌에 시동을 거는 가장 좋은 방법이라고 말하는 이유가 바로 이것이다.

덴마크 국립직업보건연구소는 한 연구에서 10세 초등학생 100명을 대상으로 아침식사와 학습 능력의 상관관계를 조사하였다.

그 결과 아침 밥을 먹은 학생들이 굶은 학생에 비해 시험을 볼 때 실수가 적었고 문제 처리 속도 또한 매우 빨랐으며, 체육 활동에서도 뛰어나게 좋은 결과를 보였다고 밝혔다. 아침식사로 알맞은 것은 뇌 활동을 위한 에너지원인 포도당을 많이 함유한 탄수화물 식품으로 밥이나 빵, 곡류 시리얼 등이 대표적인 식품이다. 포도당이 몸 속에 들어가면 혈중 포도당량이 올라가면서 학습 능력과 같은 인지 기능을 강화시킨다. 에너지원인 포도당이 부족하면 언어 능력, 집중 시간, 정보 회상력과 이용력 같은 기초적인 학습 기술에 영향을 미친다는 것이다. 이 연구소의 와이언 박사는 '특히 시험이 있는 날은 반드시 영양이 풍부한 아침 식사를 해야 한다'며 '아침을 거르면 정신적인 긴장 효과를 어느 정도 얻을 수 있지만, 학습 능력 저하로 얻는 폐해가 더 크다'고 말했다.

결론적으로 말하면 아침식사를 하면 기억력과 새로운 정보 보유 능력은 물론 체력도 향상된다는 것이다. 아침식사가 주는 또 하나의 효과는 체온이 올라가고 그로 인해 뇌의 온도가 상승하는 것인데, 이는 뇌의 각성과 연관이 있다. 물론 아침식사를 한다고 해서 바로 뇌가 각성 효과를 발휘하는 것은 아니고 식사 후 뇌가 각성되기까지 약 두 시간 정도 걸린다. 따라서 아침식사는 될 수 있으면 일찍 하는 것이 두뇌활동에 도움이 된다.

공부에 도움이 되는 음식과 영양소

학습 능률을 높이기 위한 영양의 원칙을 이해하면 공부 능률도 높아지고 균형 잡힌 영양으로 건강을 유지할 수 있다. 영양 공급이 원활하면 기분도 좋아지고 두뇌도 맑아져 최적의 상태에서 공부할 수 있다. 음식 섭취를 통해 뇌가 맑아지고 기분을 좋게 만드는 효과가 있다는 사실이 많은 연구 결과를 통해 밝혀졌다. 결국 공부에 도움이 되는 음식을 섭취하는 것이 학습에 좋은 영향을 미친다는 것이다.

우리 뇌는 많은 에너지를 필요로 한다. 그중에서 주요 에너지원이 포도당인데 포도당은 탄수화물이 분해되면서 만들어진다. 일반적으로 사람들이 하는 말 중에 머리 많이 쓰는 사람은 밥을 많이 먹고, 몸을 많이 쓰는 사람은 고기를 많이 먹는 게 좋다는 말이 있다. 바로 이런 이유 때문이다.

탄수화물은 밥이나 빵을 통해서 섭취할 수 있다. 하지만 너무 많은 양을 섭취하면 지적 능력과 두뇌의 기민성이 떨어지고 졸음이 올 수 있으니 주의해야 한다. 탄수화물을 제때에 적당량 섭취하는 것이 중요하다. 또 단백질과 함께 섭취하면 상호 보완 작용을 한다. 밤에는 되도록 단백질을 섭취하지 않는 것이 숙면에 도움이 된다. 단백질은 소화되면서 아미노산의 일종인 티로신을 만드는데 이 티로신은 혈관을 통해 뇌로 전달되어 정신을 맑게 하는 역할을 한다. 이처럼 단백질은 뇌를 효과적으로 활성화시켜 주고 허기를 채워 주고 정신력을 강화시켜 준다. 따라서 아침에 일어나서 식사 전에 콩 단백이나 식물성 단백질을 보충해 주는 것이 좋다.

점심식사 전에도 유용하며 주스를 마실 때에도 단백질 첨가물을 넣어서 마시는 습관을 갖는 것이 좋다. 그러면 집중력과 두뇌 회전을 원활하게 해주어 공부의 능률을 높여준다. 아침 공복에 단백질을 섭취함으로써 얻을 수 있는 또 하나의 효과가 있다. 바로 과식을 막아주며 그로 인해 탄수화물의 과다섭취를 방지할 수 있다. 탄수화물을 너무 많이 먹으면 뇌의 기민성이 떨어지고 학습 능력을 떨어뜨린다. 즉, 아침식사를 할 때 탄수화물을 많이 섭취하면 혈당이 빨리 올라가고 몸이 개운하지 않은 상태에서 하루를 시작하게 된다. 점심 때도 탄수화물을 너무 많이 섭취하면 졸음이 온다. 그런데 늦은 오후 4~5시경에 탄수화물을 섭취하면 긴장이 차단되고 완화되어 약화된 기민성을 회복하는 데 도움이 된다. 반면 밤중에 적당한 양의 탄수화물을 섭취하는 것은 잠드는 데 도움이 된다.

결론적으로 말하면 아침식사는 단백질과 탄수화물을 적절히 보충할 수 있는 식단이 좋다. 또 건강을 위해서 당근, 토마토, 양파, 오이, 브로콜리 등 야채 위주로 식단을 짜는 편이 좋다. 채소와 견과류는 혈당에 영향을 주지 않으며 학습에 도움이 되는 비타민과 영양소를 포함하고 있다. 따라서 탄수화물을 보충해 주고 비타민과 단백질이 많은 음식으로 아침식사를 준비해 주는 것을 권한다.

서양식으로 하면 떠먹는 요구르트, 우유, 식이 섬유가 많은 시리얼, 과일, 계란 등이 좋고 한식으로 하면 된장찌개, 김치, 잡곡밥에 야채, 과일, 생선을 곁들인 식단 구성이 좋다. 대표적인 예로 두부를 넣어 만든 된장국과 밥에 야채를 곁들인 식단이 단백질과 탄수화물을 보충해 주는 가장 좋은 방법이다. 콩류를 포함한 콩 단백을 섭취하면 소화가 완만하기 때문에 혈당을 점진적으로 높여주는 역할을 한다. 이에 비해 쌀은 포도당 지수가 높기 때문에 혈당을 급격히 높여준다. 따라서 쌀은 콩류와 함께 섭취하면 혈당을 조정해 주는 완충역할을 한다. 이쯤 되면 콩을 섞은 잡곡밥을 권하는 이유를 이해할 수 있을 것이다.

'아침식사는 빵으로'라는 말처럼 빵으로 하는 식사는 어떨까? 입맛도 없고 시간도 없는 아이들에게 빵은 참 간편한 아침식사다. 그래서 빵으로 아침식사를 하는 경우가 꽤 많을 것이다. 과연 빵으로도 괜찮을까? 빵의 원료가 되는 소맥분은 쌀보다 단백질 함유율이 낮고 영양가도 적다. 그러므로 반드시 달걀이나 두유 등으로 단백질을 보충해 주어야 한다. 달걀은 노른자에 콜레스테롤이 많이 들어 있다고 해서 기피하는 경향이 있지만 최근 연구 결과에 따르면 하루에 하나 정도를 먹는 것으로는 전혀 해롭지 않다고 한다. 건강 영양 분야의 권위있는 전문가인 진 카퍼 씨는 그의 책 『기적의 두뇌』를 통해 콜레스테롤 때문에 달걀을 먹지 않거나 제한하는 것은 뇌 기능에 해로울 수 있다고 밝혔다. 달걀에는 항산화제 등

콜레스테롤을 중화시켜 주는 불포화 지방산이 들어 있고, 콜린이라는 아주 유익한 영양소가 들어 있다. 콜린은 기억력과 학습 능력을 향상 시켜주며, 우수한 두뇌를 만드는 작용은 물론 뇌를 보호하는 역할을 한다. 콜린이라는 영양소를 신경 써서 먹으면 자연스럽게 특별한 뇌를 형성할 수 있고 뇌세포의 기능을 평생 유지하는 데도 효과적이다. 대학생을 대상으로 한 실험에서 콜린을 복용한 학생이 기억력이 향상되는 결과가 있었는데 특히 학습 속도가 낮은 학생들에게 더욱 효과적이었다는 사실이 밝혀졌다.

또 시간이 없을 때 저지방 우유나 탈지우유에 시리얼을 타먹는 것은 탄수화물과 단백질을 동시에 섭취할 수 있어 도움이 된다. 이른 시간이라 아이가 도저히 식사를 할 수 없다면 집을 나서기 전에 주스나 우유, 주먹밥 정도의 간단한 식사라도 꼭 하고 나가게 해야 한다. 그래야 학습력과 집중력을 높이는 데 도움이 된다. 밥과 빵은 물론 우유, 시리얼 같은 간편식을 통해서라도 탄수화물을 섭취하는 것이 아무것도 안 먹는 것보다 훨씬 낫다.

만일 하루에 한 끼를 가장 잘 먹어야 한다면 아침을 많이 먹는 게 좋다. 물론 가장 좋은 것은 아침, 점심, 저녁의 비율을 3:4:3으로 균형 있게 먹는 것이다. 아침에 먹지 말아야 할 대표적인 음식은 베이컨, 소시지, 감자튀김처럼 기름기와 염분이 많은 음식과 도넛, 흰 토스트, 커피 등이다. 당도나 염분이 많은 음식은 몸에 해로우며 특히 당도가 높은 음식은 순간적으로 뇌를 각성시키는 효과가 있지만 금세 피로해지는 단점이 있기 때문에 아침에 도넛이나 커피는 삼가는 것이 좋다. 물은 최소한 하루 2리터 이상 마시는 것이 좋고 가능하면 정수된 물이나 생수를 먹는 것이 좋다.

카페인 음료는 가급적이면 나른한 오후 시간 외에는 마시지 않는 것이 좋다. 오전 간식으로는 과일이 가장 좋고, 도넛, 베이글, 토스트 등 탄수화물로 만든 간식은 좋지 않다. 오후가 되면 집중력이 많이 떨어지기 시작하므로 점심식사는 고단백으로 하는 것이 좋다. 단백질을 많이 섭취하면 집중력을 높일 수 있기 때문에 생선, 참치, 닭고기 등과 녹황색 채소를 섭취해 비타민을 보충해 주는 것도 좋은 방법이다. 점심식사를 하고 난 후에도 배가 고프면 콩 식품을 먹는 것이 좋다. 오후 간식으로는 탄수화물을 섭취해도 좋다. 체중을 줄이고 싶다면 저녁식사를 가볍게 하고 튀긴 음식을 멀리해야 한다. 저녁에는 단백질이 너무 많은 음식은 섭취하지 않는 것이 좋다. 잠이 오지 않을 수 있기 때문이다. 생선과 야채를 함께 먹으면 마음이 차분해지고, 피로가 사라지며, 능률이 급격히 올라간다. 공부하는 아이들에게 가장 좋은 것은 오메가 지방산으로 등푸른 생선과 올리브 기름에 다량 함유되어 있다. 가능하다면 정기적으로 어유를 먹는 것을 권한다.

부록

학기 계획표

★ 평가 목표 위주로 작성 　▲ 학기목표 / 좌우명 / 명언 등

	SUN	MON	TUE	WED	THU	FRI	SAT
		월말		월말		월말	
		월말		월말		월말	
		월말		월말		월말	
일정				일정			
교과				교과			
교과 외				교과 외			

학기 계획표

★ 평가 목표 위주로 작성 ▲ 학기목표 / 좌우명 / 명언 등

SUN	MON	TUE	WED	THU	FRI	SAT

월				월		
일정				일정		
과목				과목		
기타				기타		

한 달 계획표

★ 행동 목표 위주로 작성   ▲ 학기목표 / 좌우명 / 명언 등

MEMO	SUN	MON	TUE	WED	THU	FRI	SAT

일주일 계획표

요일	날짜	목표	TO DO LIST	공부	성취	메모
MON						
TUE						
WED						
THU						
FRI						
SAT						
SUN						

하루 계획표

요일	MON	TUE	WED	THU	FRI	SAT	SUN	공부 시간	메모
날짜								총	
목표								분	

민성원의 공부원리
패턴학습법

초판 1쇄 발행 2016년 11월 10일
초판 4쇄 발행 2022년 2월 18일

지은이 민성원, 김지현
펴낸이 김선식

경영총괄 김은영
콘텐츠개발3팀장 이승환 **콘텐츠개발3팀** 심아경, 김은하, 김한솔, 김정택
마케팅본부장 권장규 **마케팅1팀** 최혜령, 오서영
미디어홍보본부장 정명찬 **홍보팀** 안지혜, 김민정, 이소영, 김은지, 박재연, 오수미
뉴미디어팀 허지호, 박지수, 임유나, 송희진, 홍수경
저작권팀 한승빈, 김재원 **편집관리팀** 조세현, 백설희
경영관리본부 하미선, 윤이경, 김재경, 오지영, 박상민, 김소영, 이소희, 최완규, 이지우, 이우철, 김혜진
외부스태프 디자인 잔 복디자인

펴낸곳 다산북스 **출판등록** 2005년 12월 23일 제313-2005-00277호
주소 경기도 파주시 회동길 490 **전화** 02-702-1724 **팩스** 02-703-2219
이메일 dasanbooks@dasanbooks.com **홈페이지** dasan.group **블로그** blog.naver.com/dasan_books
종이 한솔피엔에스 **출력·인쇄** 민언프린텍
ISBN 979-11-306-1024-5 (13370)

- 파본은 구입하신 서점에서 교환해드립니다.
- 이 책은 저작권법에 의하여 보호를 받는 저작물이므로 무단 전재와 복제를 금합니다.
- 이 도서의 국립중앙도서관 출판시도서목록(CIP)은 서지정보유통지원시스템 홈페이지(http://seoji.nl.go.kr)와 국가자료공동목록시스템(http://www.nl.go.kr/kolisnet)에서 이용하실 수 있습니다. (CIP제어번호 : CIP2016025648)

> 다산북스(DASANBOOKS)는 독자 여러분의 책에 관한 아이디어와 원고 투고를 기쁜 마음으로 기다리고 있습니다. 책 출간을 원하는 아이디어가 있으신 분은 이메일 dasanbooks@dasanbooks.com 또는 다산북스 홈페이지 '투고 원고'란으로 간단한 개요와 취지, 연락처 등을 보내 주세요. 머뭇거리지 말고 문을 두드리세요.